claudio novaes
conceito/design/direção

Foto: Filippo Bamberghi

claudio novaes
conceito/design/direção

 wmf **martinsfontes**

são paulo 2012

agradeço a todos os amigos,
parceiros, ex-sócios,
ex-funcionários, colaboradores,
clientes, a todos que, em algum
momento do meu caminho,
participaram do processo
de elaboração dos projetos
aqui apresentados,
especialmente a marcia signorini
e daniela almeida.

são paulo, 2012

Diga-me e eu esquecerei, mostre-me e eu lembrarei, envolva-me e eu entenderei.
provérbio chinês

Apoio:

inovação e emoção

"E o que caracteriza o bom design?
A atemporalidade é um fator.
É ser ao mesmo tempo simples
e inteligente, apaixonante e funcional,
cabeça e coração, razão e emoção."

César Cini
Diretor Presidente Cinex

Copyright 2012.
Editora WMF Martins Fontes Ltda.
São Paulo

1ª edição 2012

Acompanhamento editorial
Helena Guimarães Bittencourt
Revisões gráficas
Luzia Aparecida dos Santos
Márcia Leme
Tradução
Michael Penfield
Projeto gráfico
Claudio Novaes
Diagramação
Signorini Produção Gráfica
Produção gráfica
Marisa Nagumo/Signorini Produção Gráfica

**Dados Internacionais
de Catalogação na Publicação (CIP)**
(Câmara Brasileira do Livro, SP, Brasil)

Novaes, Claudio
Conceito/design/direção / Claudio Novaes. –
São Paulo : Editora WMF Martins Fontes, 2012.

ISBN 978-85-7827-619-5

1. Desenho (Projetos) 2. Design 3. Design
gráfico 4. Designers - Brasil 5. Novaes, Claudio
I. Título.

12-09352   CDD-741.6092

Índices para catálogo sistemático:
1. Designers : Brasil 741.6092

Todos os direitos desta edição reservados à
Editora WMF Martins Fontes Ltda.
Rua Prof. Laerte Ramos de Carvalho, 133
01325-030 São Paulo SP Brasil
Tel.: (11) 3293.8150 Fax: (11) 3101.1042
info@wmfmartinsfontes.com.br
http://www.wmfmartinsfontes.com.br

índice

13	**um retrato**	
	Hugo Kovadloff	
15	**introdução**	
	Claudio Novaes,	
	com a colaboração	
	de Ana Augusta Rocha	
	e Leonardo Antunes	
21	**abordagem**	
23	**serviços**	
25	**2000**	
	projetos da década de 2000	
213	**1990**	
	projetos da década de 1990	
247	**1980**	
	projetos da década de 1980	
267	**english text**	

um retrato

Whatever can be said, can be said clearly.
Ludwig Wittgenstein

Meu primeiro encontro com Claudio Novaes foi na década de 1980, na SAO. Além dele e de tantos outros jovens recém-formados naquela época, a SAO e a DPZ tinham grande atrativo por sua postura criativa e de vanguarda.

Petit, sócio-fundador da DPZ, assim escreveu na introdução do portfólio da SAO: "Mais do que uma empresa de design, a SAO é um espaço feliz do Brasil, onde se cria trabalho, criam-se profissionais, produtos e empresas, numa bela casa, com um belo jardim."

Ainda segundo Petit, a SAO nasceu da vontade de implantar uma mentalidade moderna de design no nosso país. Claudio, desde então, tem trabalhado para demonstrar que esse ideal é possível.

Formado em arquitetura, teve como professor e orientador um dos mais conceituados protagonistas do concretismo paulista: Maurício Nogueira Lima. Os ensinamentos de seu mestre e outros referenciais da época o inspiraram e lhe deram uma base sólida para desenvolver seu trabalho. Seus projetos apresentam uma estrutura gráfica bem ordenada, clara e precisa, mas sem rigidez.

Sua postura demonstra que, para ele, os ensinamentos do passado não deveriam ser destruídos, mas compreendidos e assimilados como base do seu desenvolvimento profissional.

Desde que nos conhecemos na SAO, encontrei em Claudio uma alma gêmea. Nossos gostos e referências na área sempre coincidiram. Foi por isso que, durante um período de seis anos, trabalhamos juntos na empresa que criamos, em 1990, com Milton Cipis.

Mais do que uma atividade profissional, o design é para Claudio uma concepção de vida. Sempre demonstrou um enorme talento e capacidade de síntese. Não somente no design gráfico mas também em suas incursões na área de design de produtos e de ambientes. Tem uma postura ética clara que se situa além dos modismos, das trivialidades e dos estrelatos fáceis, muito comuns na área.

Claudio acredita que o design cria experiências visuais que nos enriquecem, nos ensinam a pensar e a viver com mais qualidade.

Este livro, com sua trajetória de 28 anos, nos apresenta belíssimos trabalhos que contam sua história e reafirmam seus princípios e sua contribuição ao design brasileiro.

Hugo Kovadloff

introdução

A escrita para um designer

Meu universo sempre foi o visual. Desde muito pequeno, meu olhar sempre foi direcionado para formas e cores; escrever sempre foi um esforço necessário que aprendi mais tarde. Após um ano de preparo do conteúdo deste livro/portfólio, selecionando e editando projetos, agora deparo com a dificuldade de escrever um texto introdutório. Nunca fui de escrever, de transmitir meus pensamentos por meio de palavras. Mas vamos a ele...

Sou o segundo de quatro filhos, a terceira geração de imigrantes italianos pelo lado de minha mãe, com bisavós italianos e portugueses por parte de meu pai. Venho de uma família que, no contexto econômico dos anos 1970, poderia ser considerada de classe média, passando boa parte da minha infância e adolescência em pleno regime militar.

A música sempre esteve presente em minha vida; minha mãe sempre tocou piano, assim como meu irmão mais velho. Ela também sempre desenhou e pintou; pintava de forma ingênua, descompromissada com qualquer movimento artístico. Depois de algumas tentativas frustradas de meus pais para fazer com que eu aprendesse a tocar piano e violão, aos 13 anos fui estudar em uma escola de artes visuais – a Fundação das Artes de São Caetano do Sul. Foi ali, em um curto período de tempo, que reconheci uma aptidão, um gosto pelo fazer manual e vi a chance de desenvolver minhas habilidades.

Lembro que minhas escolhas sempre foram guiadas pelo mais simples, pelas formas mais puras, pelo essencial – o que, vim a descobrir mais tarde, em algumas situações, curiosamente, significa o mais exclusivo ou até o mais caro. Só fui entender essa dicotomia anos depois, quando me apaixonei pelo design japonês e pelo escandinavo. Foi aí que entendi a dificuldade em criar algo essencial e simples no conteúdo e na forma. Ficou claro quanto isso é trabalhoso; quão difícil é chegar a uma solução simples.

Em 1979, ingressei na Faculdade de Arquitetura e Urbanismo de Santos. A decisão de cursar uma faculdade de arquitetura foi fundamental para minha formação e me possibilitou adquirir um refinamento e uma educação visual determinantes para o desenvolvimento de minha carreira. Durante cinco anos, questionei minhas referências dia após dia; desenvolvi meu olhar e uma postura crítica sobre as coisas. Tive como orientador o professor e artista

Bauhaus, escola de artes plásticas, design e arquitetura que funcionou entre 1919 e 1933 em Dessau, na Alemanha.

Parte da biblioteca com temas relacionados a minha formação.

Trabalho de 1951, do artista construtivista Maurício Nogueira Lima, nascido em Recife, Pernambuco, em 1930, e falecido em Campinas, São Paulo, em 1999.

Livros publicados pela empresa de design Pentagram.

construtivista Maurício Nogueira Lima. Naquele momento, ficou clara a minha paixão pelo design, por uma maneira mais lógica e estruturada de representação gráfica e pelo pensamento modernista em arquitetura e design da escola Bauhaus. Também foi lá que descobri a obra de profissionais como Adolf Loos, Josef Hoffmann, Max Bill, Alvar Aalto, Oscar Niemeyer, Rino Levi, Lina Bo Bardi, Dieter Rams, Paul Rand, Otl Aicher, Josef Müller-Brockmann, pioneiro do design suíço, Pierre Mendell, Achille Castiglione, Richard Neutra, Arne Jacobsen, Eero Saarinen, Gio Ponti e tantos outros.

No início do curso de arquitetura, tomei conhecimento, através de uma publicação da área, dos trabalhos de um escritório de design londrino chamado Pentagram, mais especificamente dos projetos dos designers Alan Fletcher, Colin Forbes e Mervyn Kurlansky. Foi uma identificação imediata. Enxergava no trabalho deles uma evolução, uma nova abordagem, um novo caminho para traduzir o universo das imagens visuais. Esse interesse fez com que, durante os cinco anos de faculdade, eu me envolvesse com a disciplina de comunicação visual – como era chamada na época – e me tornasse monitor do curso, acompanhando a professora e arquiteta Maria Argentina Bibas.

Ao concluir a faculdade, fui contratado pela SAO, a divisão de design da agência de publicidade DPZ, então a mais cobiçada das agências. Em um ambiente muito agradável e divertido, iniciei minha carreira e fiz parte de equipes de criação que desenvolviam projetos para grandes empresas. Na época, a equipe da SAO tinha profissionais de extremo bom gosto e era dirigida pelo designer Hugo Kovadloff, que mais tarde viria a ser meu sócio em outra empresa. Naquele ambiente criativo, estabeleci mais fortemente minha conexão com o universo do design gráfico e tomei conhecimento de outros profissionais, acessando novas metodologias e abordagens.

Em 1990, saí da SAO/DPZ. Associei-me aos designers Hugo Kovadloff e Milton Cipis e, juntos, criamos a D Designers Associados.

Anos se passaram em meio a experiências internacionais, prêmios e outras empresas de design. Em 1996, fui convidado para trabalhar na Cidade do México, no escritório de design Draft Diseñadores, onde, durante um ano, permaneci envolvido com o projeto de normatização visual de um grande grupo financeiro.

No início de 1998, voltei ao Brasil e desenvolvi projetos em colaboração com a empresa de design Made in Brasil Design, uma divisão da agência de publicidade W/Brasil. Em 2000, iniciei meu contato com o universo do branding e do pensamento estratégico ao criar a Brandgroup Strategic Design, onde liderei a criação com mais dois sócios, Patricia Cataldi e Bill Martinez. Ao longo dos quatro anos de existência desse escritório, mantive uma estreita relação de troca de experiências com profissionais internacionais, principalmente com o grupo IDP/International Design Partnership.

Em 2004, percebi que as empresas de design em todo o mundo estavam reformulando suas configurações e assumindo outras estruturas, o que fez com que eu revisse minha realidade. Decidi, então, me desligar da Brandgroup e criar um novo núcleo de conceito, design e direção – com uma estrutura menor, mais coesa, com a possibilidade de estabelecer equipes de criação de acordo com o escopo de cada projeto.

Para mim, a escolha pelo design implica não só um posicionamento profissional, mas também algo que determina muitos aspectos da minha vida, a adoção de uma verdade pessoal. Um caminho em direção à síntese, uma busca por uma forma mais direta de comunicar, de transmitir uma ideia e um conceito.

Vejo o design como um instrumento que pode facilitar nosso dia a dia e deixar a vida mais agradável e reveladora de seu tempo.

O processo criativo muitas vezes é desgastante: é o fazer, repetir, fazer novamente, tirar os excessos, lapidar até chegar a um caminho satisfatório. É não seguir modismos, achar um caminho mais duradouro e descobrir que a solução está no mergulho e no entendimento do próprio problema.

Ilustração da sede da empresa de design SAO, Divisão de Design da DPZ, em 1980.

Na maioria das vezes, monto um plano de forma mais sistematizada, apontando todas as etapas do projeto, definindo os objetivos, estruturando as equipes, gerando ideias, gerenciando divergências, alinhando convergências; tudo para chegar a uma solução satisfatória. Outras vezes, simplesmente me deixo levar por rabiscos que faço no meu caderno, buscando um fluxo de insights. Quase sempre as melhores ideias acontecem fora do ambiente de trabalho. Quando tenho alguma questão para resolver, isso me acompanha em todos os lugares aonde vou. Fico com a mente e o olhar ligados, buscando soluções, sem perder o objetivo de estar alinhado com o propósito estratégico do cliente e sempre tendo consciência do design como um processo criativo participativo que, além de construir fidelidade, propicia resultados sustentáveis.

Claudio Novaes, Hugo Kovadloff e Milton Cipis na D Designers Associados, em 1990.

Nas oportunidades que tenho de falar publicamente sobre o meu percurso profissional, as pessoas sempre me perguntam qual o tipo de informação que me alimenta ou de que forma eu defino meu caminho. Respondo que a curiosidade sempre me estimulou e está presente em tudo o que eu faço. Meu universo de informações não se limita ao design gráfico especificamente, mas sim à construção de uma cultura visual geral. O meu dia a dia vai sendo construído com as descobertas e experiências vividas, e isso, de certa forma, é transferido para o meu trabalho. Pontuo sempre que não sou um artista gráfico; sou sim um designer gráfico que trabalha com artes gráficas aplicadas.

Hoje, na Claudio Novaes Conceito/Design/Direção, tenho uma equipe enxuta e trabalho com seis profissionais. Procuro utilizar minhas ferramentas para solucionar questões relacionadas ao universo do design, educar meus clientes e, via de regra, mostrar como o design pode ser uma plataforma extraordinária dentro das empresas e na sociedade.

Programa de identidade corporativa para o Grupo Asemex/Banpais, desenvolvido na Cidade do México, em 1996.

Nem todos os projetos aqui apresentados resultaram em satisfação total, mas mostraram, muitas vezes, erros que foram úteis para o meu desenvolvimento pessoal ou a importância de recusar alguns projetos quando não acreditamos nas condições apresentadas pelos clientes. Algumas ideias criativas apresentadas neste livro/portfólio não chegaram a ser aprovadas pelos clientes, mas penso que vale a pena torná-las públicas por apresentarem um conceito igualmente forte ou por trazerem uma solução gráfica diferente daquela escolhida no início.

Realmente não sei dizer se há uma filosofia que guie o meu trabalho, pois nunca penso muito sobre isso; simplesmente tento solucionar questões de design com uma abordagem objetiva, pensando sempre na maneira mais simples e direta de me comunicar com relevância e significado.

Este livro/portfólio é uma seleção de ideias desenvolvidas nestes últimos 28 anos dedicados ao design.

Claudio Novaes

Identidade visual da empresa Brandgroup Strategic Design, 1999-2003.

abordagem

01
imersão
Todos os detalhes e pessoas são importantes para o resgate e entendimento de uma identidade.
Descoberta de oportunidades.
Pesquisas e tendências.

DNA da marca.

02
conceito
Análises dos dados recolhidos na imersão.
Insights.
Desenho da estratégia.
Orientação do processo criativo.
Diretrizes.

Plataforma conceitual da marca.

03
criação
Provocação da lógica para potencializar a criatividade.
Contexto.
Significado.
Forma e conteúdo.

Conexão.

04
gestão
Acompanhamento da trajetória da marca.
Correção de rota e monitoramento.
Alinhamento de equipes.
Novas oportunidades.
Unidade e abrangência.

Consistência.

05
claudio novaes
Ajudamos marcas a crescerem utilizando o design como ferramenta para provocar a lógica, potencializar a criatividade e gerar resultados.

serviços

identidade

embalagem

sinalização

varejo

editorial

digital

gestão

2000

A palavra para a primeira década do século XXI é web – o mundo conectado, mais ágil, a globalização da informação. Uma década do uso do celular, dos Jogos Olímpicos de Atenas – com a identidade visual mais elegante, criada pela empresa de design Wolff Olins –, do advento da Wikipedia, do Orkut, do YouTube, do iPhone, do iPad, da TV digital, do Google e do Facebook. A década com a temperatura mais quente do planeta, do aniversário de cinquenta anos da tipografia Helvética, criada em 1957 por Max Miedinger e Eduard Hoffmann, de movimentos como o *Slow Food*, da valorização do design brasileiro da década de 1950, da consciência ecológica e da tecnologia em prol do meio ambiente na prática de atitudes sustentáveis.

Uma viagem pela Escandinávia solidifica todo o meu respeito pelo design daquela região, reafirmando a importância de designers como Tapio Wirkkala, Timo Sarpaneva, Poul Kjærholm, Arne Jacobsen, Stig Lindberg, Hans J. Wegner e tantos outros novos nomes.

É nessa década que as empresas brasileiras de design se aprofundam no conhecimento da metodologia do branding e se reestruturaram para oferecer aos clientes soluções estratégicas alinhadas a soluções de design. Algumas empresas que eram percebidas somente como escritórios de design gráfico cresceram e se transformaram em consultorias estratégicas. Outras desapareceram.

No início dessa década, formatei uma nova empresa, mais enxuta e com uma abordagem mais tailor-made. Mudei meu escritório para perto de minha casa, percorro as distâncias diárias a pé, em busca de um modo mais contemporâneo e descomplicado de vivenciar essa grande cidade que é São Paulo – a busca por uma vida mais simples e ágil.

2010

Cliente: Memo | Sportswear

Projeto: Naming, identidade e comunicação visual para marca de roupas esportivas.

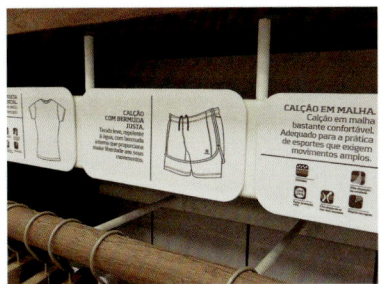

2009

Cliente: Copasa

Projeto: Identidade visual e design de embalagem para água mineral Cambuquira.

2012

Cliente: Cecilia Rodrigues

Projeto: Design e projeto gráfico para livro da designer de joias Cecilia Rodrigues.

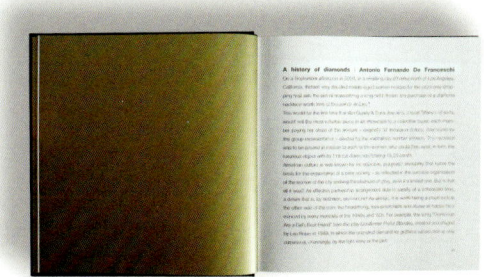
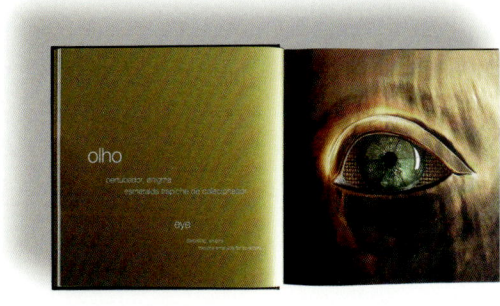

Bez Batti
70 anos

2010

Cliente: Cinex | Bez Batti

Projeto: Identidade, comunicação visual e design da exposição "Bez Batti 70 anos".

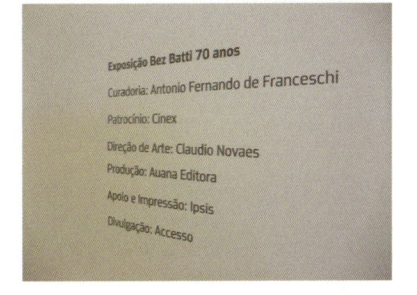

Exposição Bez Batti 70 anos

Curadoria: Antonio Fernando de Franceschi

Patrocínio: Cinex

Direção de Arte: Claudio Novaes

Produção: Auana Editora

Apoio e Impressão: Ipsis

Divulgação: Accesso

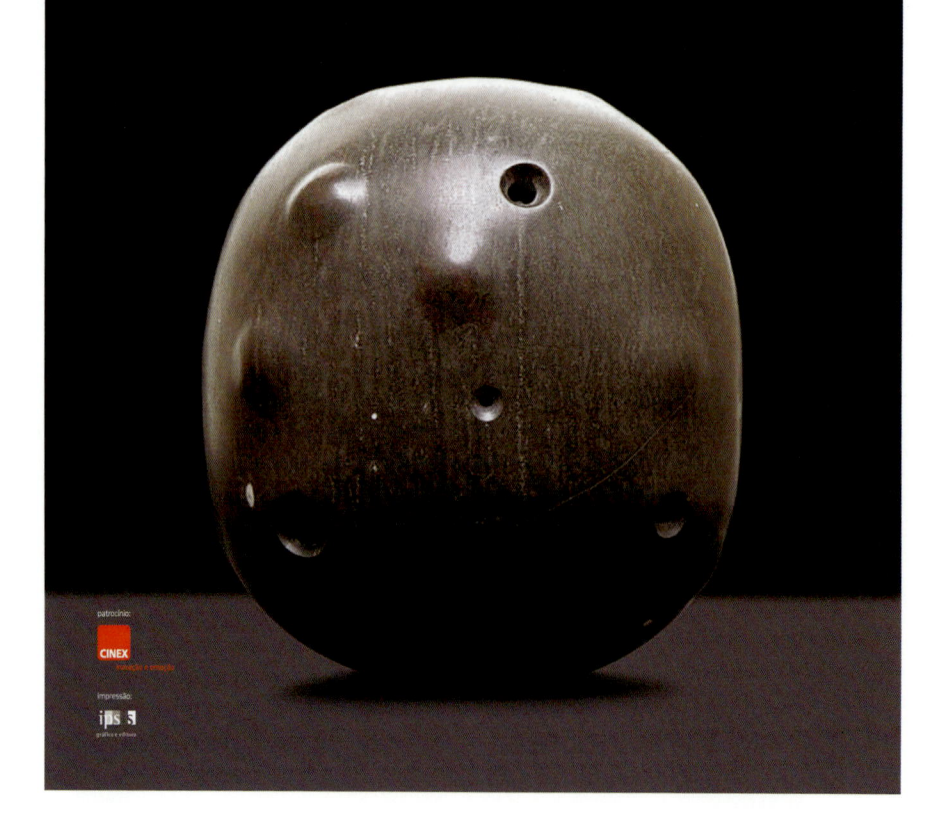

Bez Batti
70 anos

17 de novembro, das 18h às 22h
Cinex Atelier, rua Graúna 71
Moema São Paulo SP
(11) 5561 4000

Estacionamento no número 75 da rua Graúna

Exposição de 17 de novembro
a 17 de dezembro de 2010
de segunda a sexta-feira das 14h às 19h

"Dentre as muitas maneiras que o homem tem para inventar-se, Bez Batti escolheu a mais difícil, por lidar com matéria dura – a pedra –, talvez por ser também a mais duradoura, como comprovam os achados arqueológicos mais antigos.
Esculpir no basalto foi uma opção que ele fez após trabalhar na madeira, na resina, no mármore e no bronze;
opção de quem não teme o difícil, de quem deseja pôr à prova sua capacidade de mudar em beleza a matéria real do mundo".

Ferreira Gullar

"O convívio de uma vida inteira com os basaltos polidos na borbulha das águas, o contorno visível das montanhas sob as vinhas, os desfiladeiros, tudo contido nesse lugar, foi apreendido pelo artista como totalidade gestalt, imprimindo à sua concepção formal um raro equilíbrio entre a criação livre, por vezes quase abstrata, e as imagens pregnantes da paisagem à sua volta."

Antonio Fernando De Franceschi

patrocínio:
CINEX

impressão:
ipsis

Bez Batti
70 anos

17 de novembro, das 18h às 22h
Cinex Atelier, rua Graúna 71
Moema São Paulo SP
(11) 5561 4000

Estacionamento no número 75 da rua Graúna

Exposição de 17 de novembro
a 17 de dezembro de 2010
de segunda a sexta-feira das 14h às 19h

"Dentre as muitas maneiras que o homem tem para inventar-se, Bez Batti escolheu a mais difícil, por lidar com matéria dura – a pedra –, talvez por ser também a mais duradoura, como comprovam os achados arqueológicos mais antigos. Esculpir no basalto foi uma opção que ele fez após trabalhar na madeira, na resina, no mármore e no bronze; opção de quem não teme o difícil, de quem deseja pôr à prova sua capacidade de mudar em beleza a matéria real do mundo".

Ferreira Gullar

"O convívio de uma vida inteira com os basaltos polidos na borbulha das águas, o contorno visível das montanhas sob as vinhas, os desfiladeiros, tudo contido nesse lugar, foi apreendido pelo artista como totalidade gestalt, imprimindo à sua concepção formal um raro equilíbrio entre a criação livre, por vezes quase abstrata, e as imagens pregnantes da paisagem à sua volta."

Antonio Fernando De Franceschi

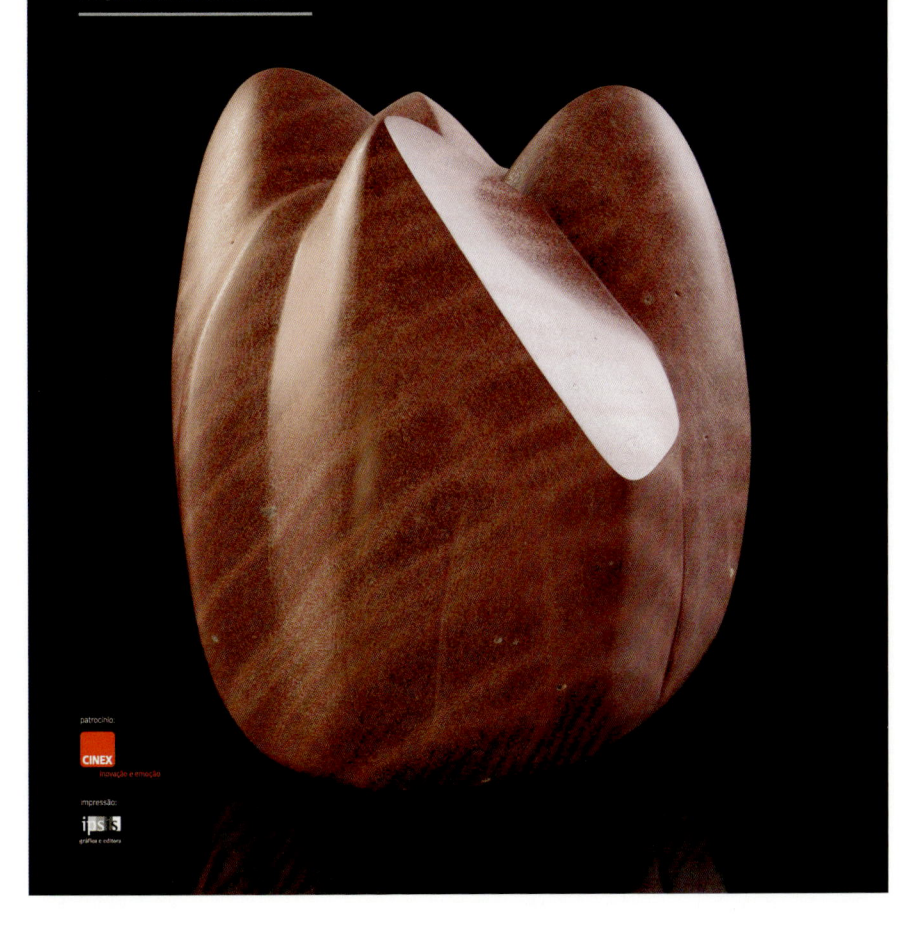

patrocínio:
CINEX
inovação e emoção

impressão:
ipsis
gráfica e editora

2010

Cliente: Ynni | Cosméticos

Projeto: Naming, identidade visual e design de embalagens para família de produtos.

YNNI
COPAÍBA, LABDANUM E ÓLEO DE COPAÍBA
PASTA DE BARBEAR
SHAVE CREAM
Copaifera sp e Cistus Ladanifer
100 ml
3,4 fl.oz
LOÇÃO PÓS BARBA
AFTER SHAVE
200 ml
6,76 fl.oz
SORBET HIDRATANTE COPORAL
SORBET BODY CREAM
250 ml
8,4 fl.oz
SABONETE EM BARRA
SOAP BAR
150 g
5,29 oz
LARANJA BRAVA, MANDARINA
com Óleo de Maracujá
SABONETE LÍQUIDO
LIQUID SOAP
500 ml
16,9 fl.oz
ESFOLIANTE CORPORAL
BODY SCRUB
250 g
SORBET HIDRATANTE CORPORAL
SORBET BODY CREAM
ESPUMA DE BANHO
BATH FOAM
SHAMPOO ANTI-RESÍDUOS
DEEP CLEAN SHAMPOO
Cistrus aurantium sp e Cistrus madurensis
TAYGRASS, ALOE VERA
E ÓLEO DE CAFÉ VERDE ORGÂNICO
SABONETE LÍQUIDO ESFOLIANTE
LIQUID SCRUB SOAP
CYMBOPOGON FLEXUOSUS
200 ml
6,76 fl.oz
LEITE CORPORAL
BODY MILK
SABONETE LÍQUIDO MÃOS
HAND SOAP
150 ml
ÓLEO CORPORAL
BODY OIL
100 ml
SAL DE BANHO
BATH SALT
400 g
14,10 oz
SABONETE LÍQUIDO
LIQUID SOAP
PRODUTO ORGÂNICO
ÓLEOS ESSENCIAIS

2012

Cliente: Maurício Arruda Arquitetos + Designers

Projeto: Identidade visual.

40

2006
Cliente: Bruno Senna | Piloto de Fórmula 1
Projeto: Identidade visual.

Rua Dr. Paulo Ferraz da Costa Aguiar 1577
06026-010 Osasco SP Brasil
www.lepainauxolives.com.br
Le pain aux olives
padaria artesanal

Le pain aux olives
padaria artesanal

2012

Cliente: Le pain aux olives | Padaria

Projeto: Identidade visual para padaria artesanal.

MITSUBISHI MOTORSPORTS 2010

2010

Cliente: Africa Propaganda | Mitsubishi Motors

Projeto: Design e projeto gráfico para o livro *Mitsubishi Motorsports 2010*. Projeto desenvolvido em parceria com o diretor de criação Sergio Gordilho.

NAÇÃO
4X4

UM OLHAR
4X4

MITSUBISHI
MOTORSPORTS
SUDESTE
56

FORTALEZA / CE
SETEMBRO
GRADUADOS
TURISMO
TURISMO LIGHT
80
81

MITSUBISHI
MOTORSPORTS
EXPLORA ATACAMA
88

2012

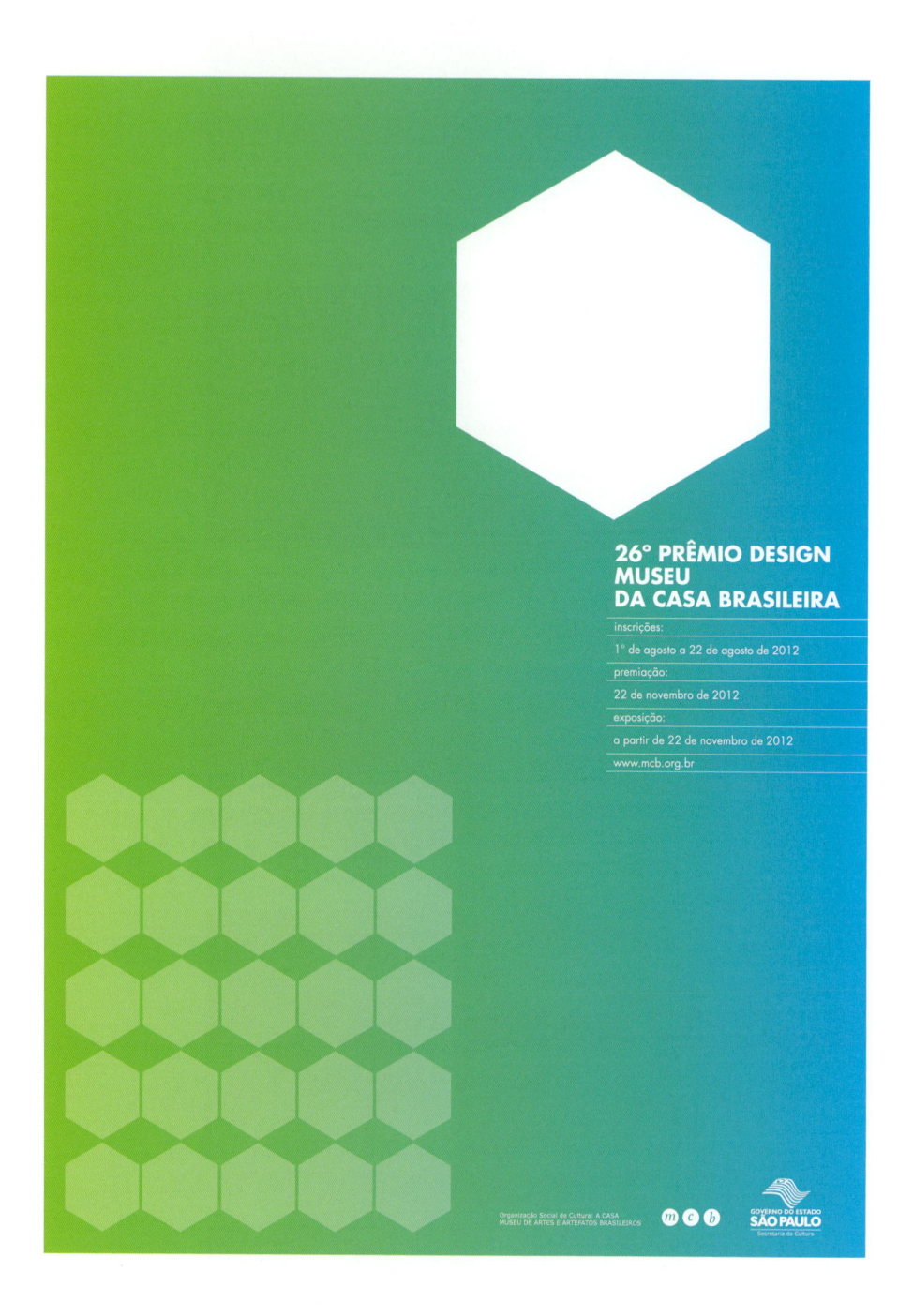

Cliente: Museu da Casa Brasileira

Projeto: Estudos para cartazes do 26º Prêmio Design Museu da Casa Brasileira.

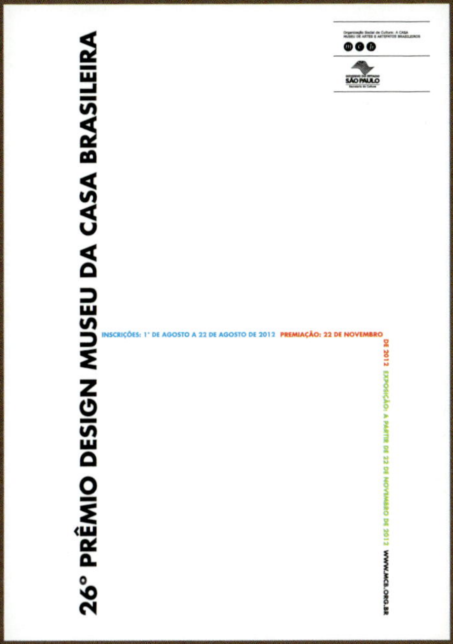
26° PRÊMIO DESIGN MUSEU DA CASA BRASILEIRA
INSCRIÇÕES: 1° DE AGOSTO A 22 DE AGOSTO DE 2012
PREMIAÇÃO: 22 DE NOVEMBRO DE 2012
EXPOSIÇÃO: A PARTIR DE 22 DE NOVEMBRO DE 2012
WWW.MCB.ORG.BR
SÃO PAULO

26º
PRÊMIO
DESIGN
MUSEU
DA CASA
BRASILEIRA
INSCRIÇÕES:
1° A 22 DE AGOSTO DE 2012
PREMIAÇÃO:
22 DE NOVEMBRO DE 2012
EXPOSIÇÃO:
A PARTIR DE 22 DE NOVEMBRO DE 2012
WWW.MCB.ORG.BR

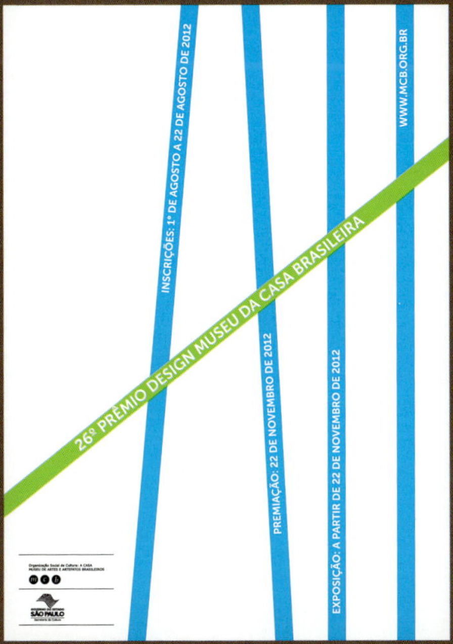
INSCRIÇÕES: 1° DE AGOSTO A 22 DE AGOSTO DE 2012
26º PRÊMIO DESIGN MUSEU DA CASA BRASILEIRA
PREMIAÇÃO: 22 DE NOVEMBRO DE 2012
EXPOSIÇÃO: A PARTIR DE 22 DE NOVEMBRO DE 2012
WWW.MCB.ORG.BR
SÃO PAULO

26° PRÊMIO
DESIGN
MUSEU
DA CASA
BRASILEIRA
inscrições:
1° de agosto a 22 de agosto de 2012
premiação:
22 de novembro de 2012
exposição:
a partir de 22 de novembro de 2012
www.mcb.org.br
SÃO PAULO

CINEX	COMUNICA
CINEX	INFORME
CINEX	SUSTENTHABILIDADE
CINEX	DO MEU JEITO
CINEX	STAMPA
CINEX	ATELIER
MONDO	CINEX
CINEX	TRAINING
CINEX	CADERNO DE TENDÊNCIAS
CINEX	BLOG
CINEX	INTRANEX

CINEX

inovação e er

2010

Cliente: Cinex | Portas em vidro e alumínio

Projeto: Programa de identidade corporativa, comunicação visual, sistema de sinalização interna e externa e material promocional. Projeto desenvolvido em parceria com a redatora Ana Augusta Rocha.

CINEX tipografia corporativa
Metroflex

AaBbCc0123

abcdefghijklmnopqrstuvwyz
ABCDEFGHIJKLMNOPQRSTUVWYZ
1234567890$%&@'*(,.;#!?/<>

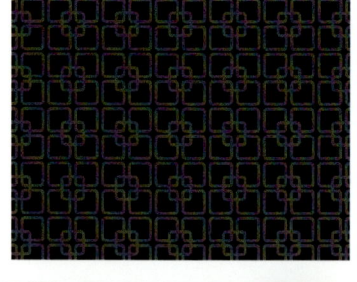

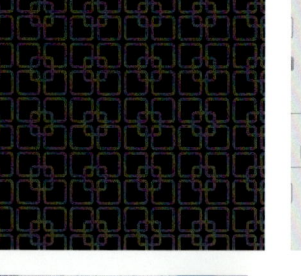

CINEX
STAMPA
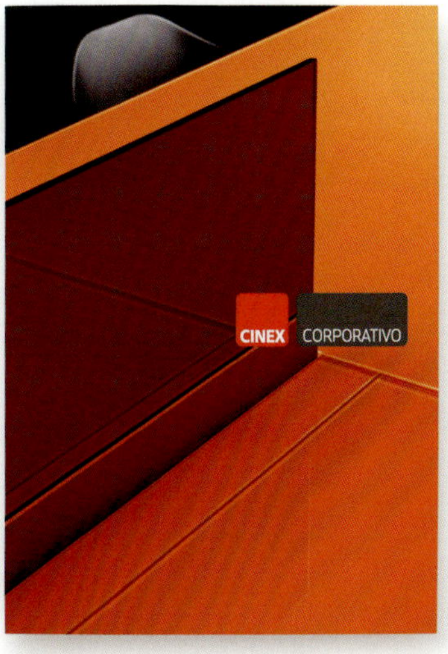
CINEX
CORPORATIVO

CINEX
SUSTENT
HABILIDADE

CINEX
POR QUE
COMPRAR?

CINEX
PORTAS
MOVIE

CINEX
ATELIER

52

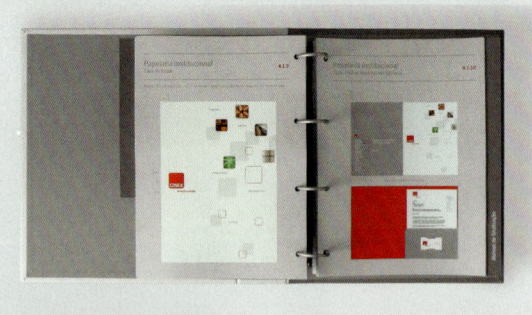

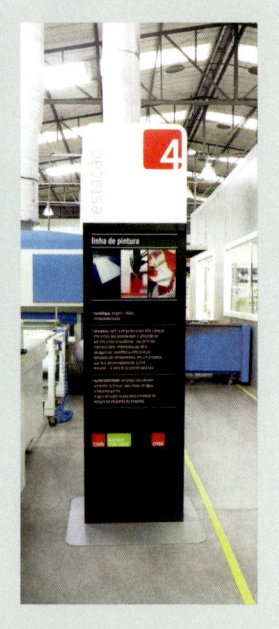

vestiário
masculino
vestiário
feminino
comercial
e projetos
marketing
sala de reuniões
01
refeitório
cinex stampa
sanitários
qualidade
segurança
Lembre-se:
uso obrigatório de equipamentos de segurança
tecnologia

2011

Cliente: Cinex | Portas em vidro e alumínio

Projeto: Design e projeto gráfico para *O livro dos armários* e direção de arte para a campanha 2012. Fotos de Gianni Antoniali, styling de Scila Mantovani e textos de Ana Augusta Rocha.

55

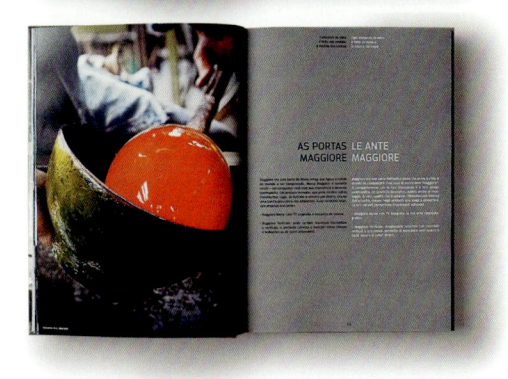

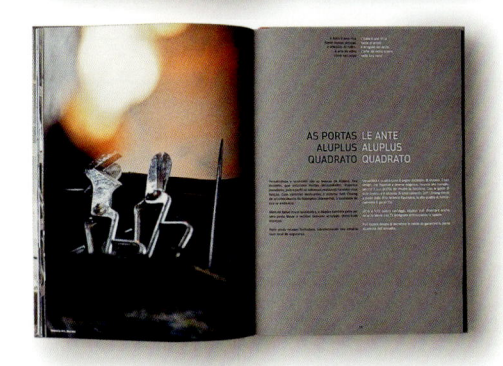

Cinex,
Murano,
Itália.
Precisione e arte.
Abra as portas do design,
viva a paixão pelo vidro.
Conheça a nova coleção
de portas para armários
fotografadas na Itália.
www.cinex.com.br
CINEX

Cinex,
Veneza,
Itália.
Apri le porte del design.
Abra as portas do design,
viva a paixão pelo vidro.
Conheça a nova coleção
de portas para armários
fotografadas na Itália.
www.cinex.com.br
CINEX

57

ABITO

ABITO UFFICIO

ABITO CASA

ABITO CONTRACT

2012

Cliente: Abito | Portas e complementos

Projeto: Identidade visual.

ABITO

ABITO

ABITO

ABITO

2010

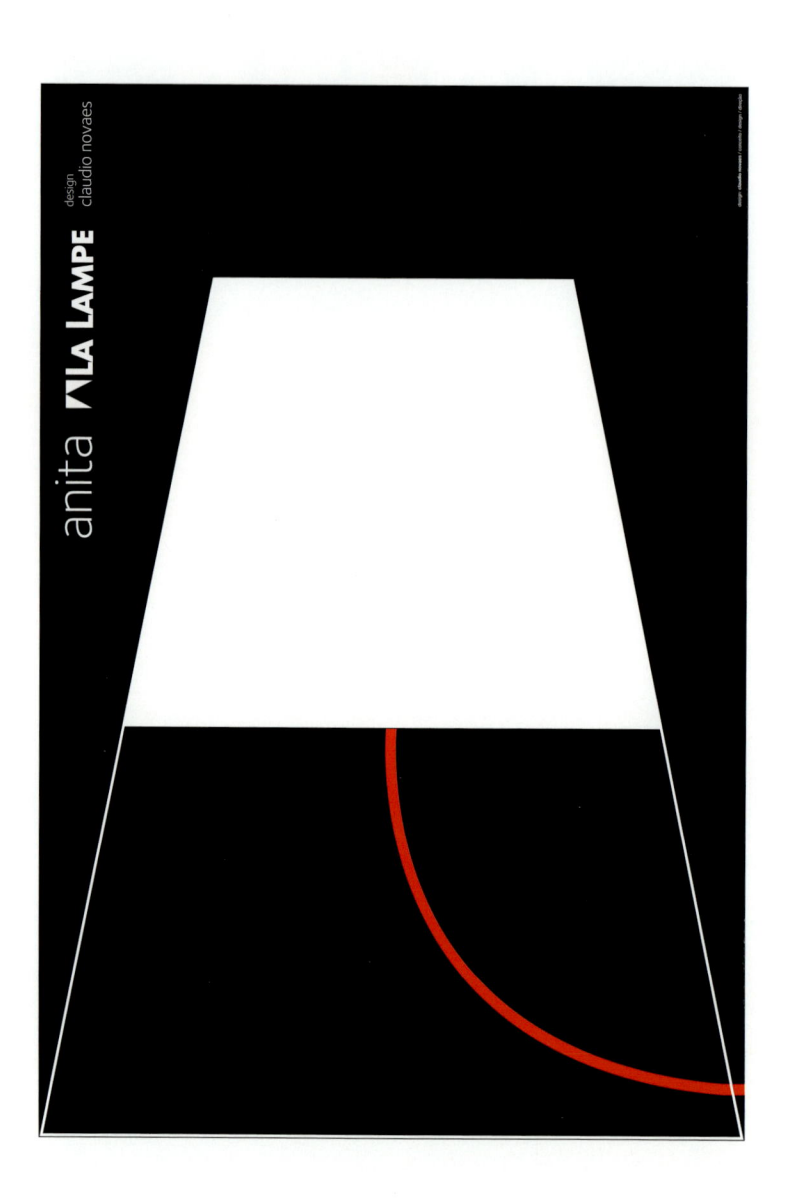

Cliente: La Lampe | Iluminação

Projeto: Design de família de luminárias ANITA.

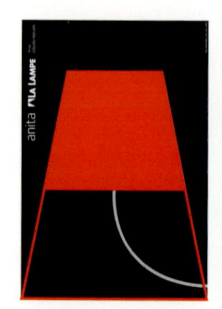

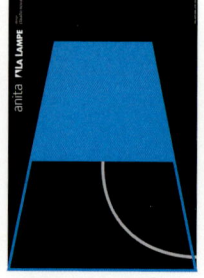

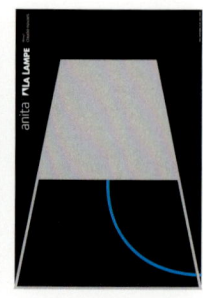

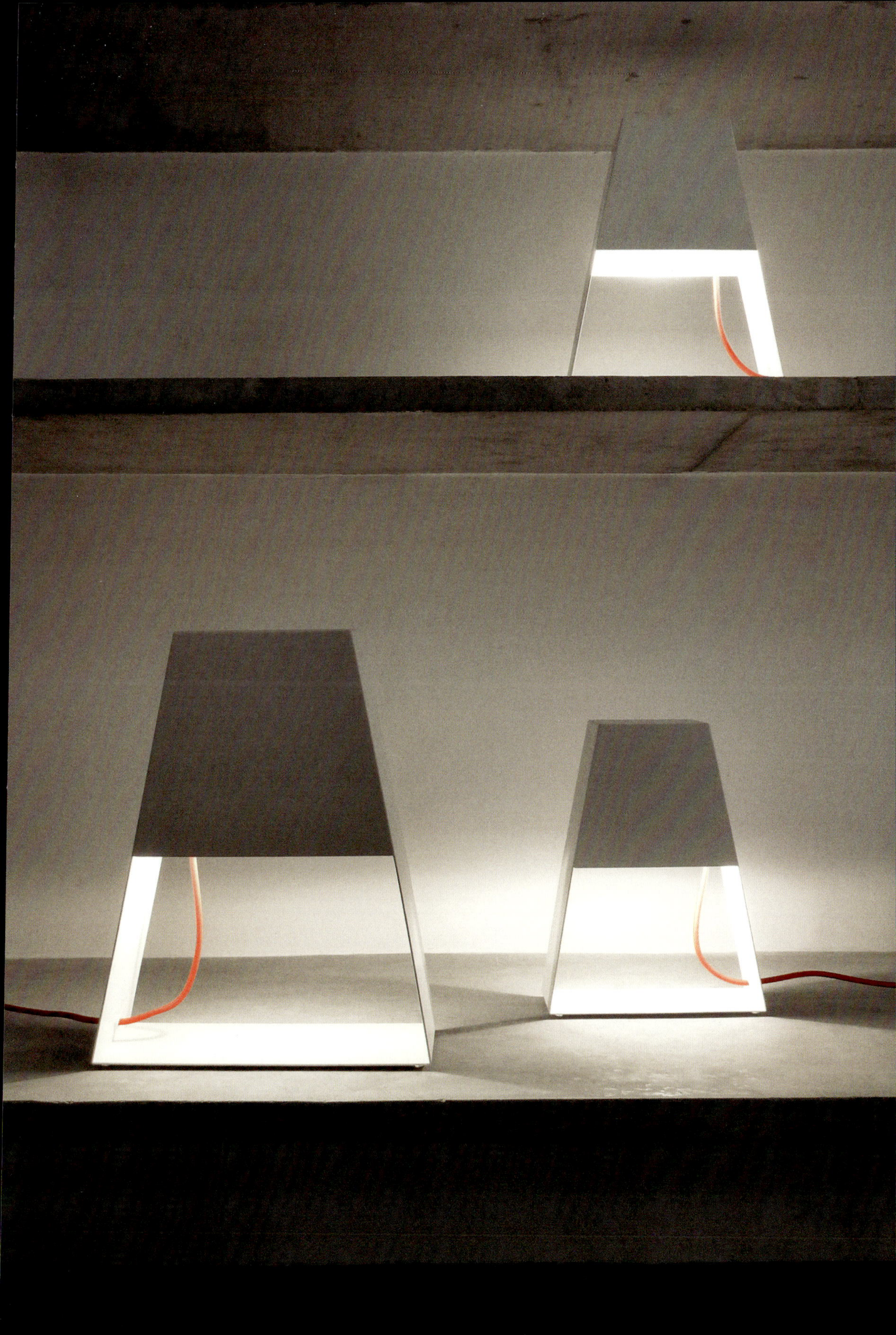

RIVISSIMA

RI
VI
SSI
MA

2009

Cliente: Riva | Utensílios em prata

Projeto: Identidade visual para linha de joias masculinas Rivissima.

INSTITUTO
FIGUEIREDO
FERRAZ

INSTITUTO
FIGUEIREDO
FERRAZ

INSTITUTO
FIGUEIREDO
FERRAZ

INSTITUTO
FIGUEIREDO
FERRAZ

2010

Cliente: Instituto Figueiredo Ferraz

Projeto: Identidade e comunicação visual.

EM NOME DO PÃO

2010

Cliente: Em nome do pão | Padaria

Projeto: Identidade visual e design da linha de embalagens.

PÃO

SEGUNDO OS HISTORIADORES O PÃO TERIA SURGIDO JUNTAMENTE COM O CULTIVO DO TRIGO, NA REGIÃO DA MESOPOTÂMIA, ONDE ATUALMENTE ESTÁ SITUADO O IRAQUE.

ACREDITA-SE QUE OS PRIMEIROS PÃES FOSSEM FEITOS DE FARINHA MISTURADA AO FRUTO DO CARVALHO.

EM NOME DO PÃO
ALEX ATALA - ROGÉRIO SHIMURA
barão de capanema
568
CEP 01411-001
TEL: 11 3062 4918
SÃO PAULO - BRASIL

RUA FRADIQUE COUTINHO
VILA MADALENA SÃO PAULO
www.agapresentes.com.br
PRESENTES
HUMOR
SIGNIFICADO
METÁFORA
PERCEPÇÃO
CONHEÇA
vilinha
www.circuitovilinha.com.br
RAMONES
FAÇA
TRANSF

2010

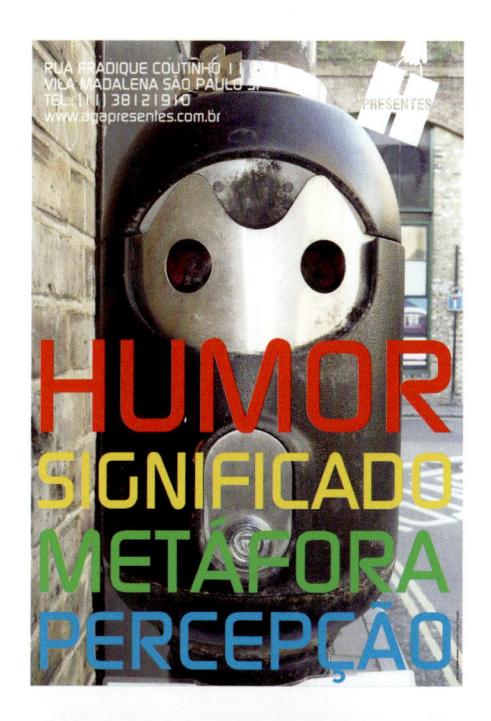

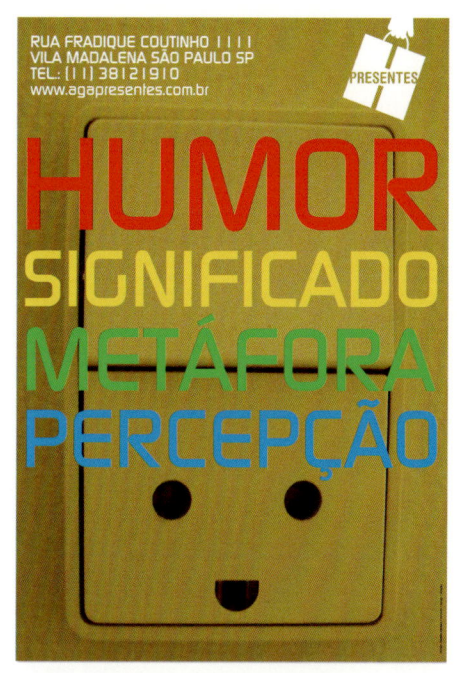

Cliente: H | Presentes

Projeto: Posters e material promocional.

2010

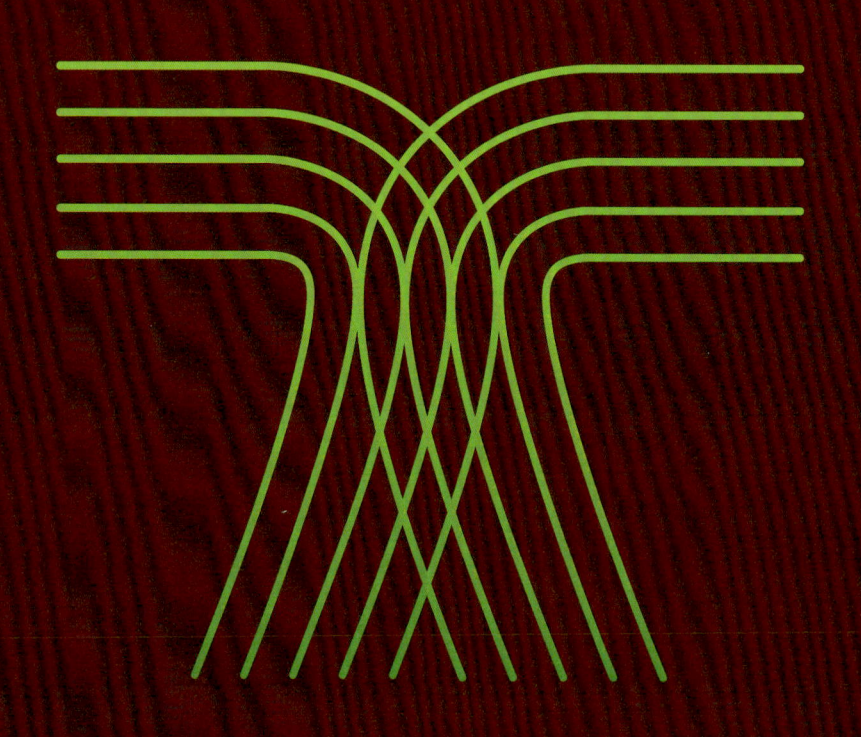

Cliente: Terral | Agronegócios

Projeto: Naming e identidade visual.

TERRAL
NOSSA HISTÓRIA ESTÁ PLANTADA NESTE SOLO.

TERRAL
NOSSA HISTÓRIA ESTÁ PLANTADA NESTE SOLO.

TERRAL
NOSSA HISTÓRIA ESTÁ PLANTADA NESTE SOLO.

TERRAL
NOSSA HISTÓRIA ESTÁ PLANTADA NESTE SOLO.

TERRAL
NOSSA HISTÓRIA ESTÁ PLANTADA NESTE SOLO.

TERRAL
NOSSA HISTÓRIA ESTÁ PLANTADA NESTE SOLO.

DEDON

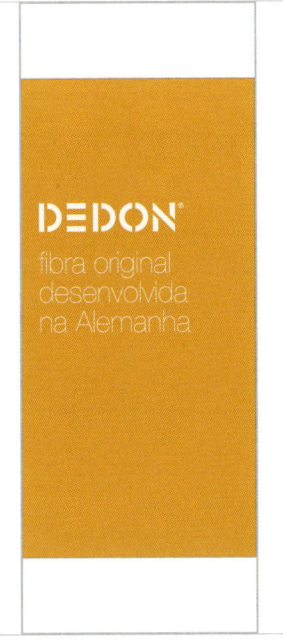

vista frontal   vista posterior   vista lateral

2010

Cliente: Collectania | Móveis

Projeto: Comunicação visual da loja.

2009

Cliente: Nestlé | Nespresso

Projeto: Design de material promocional.

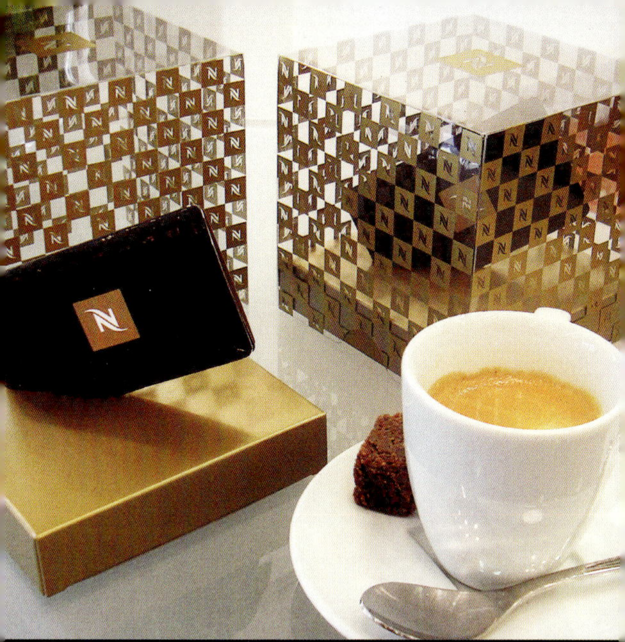

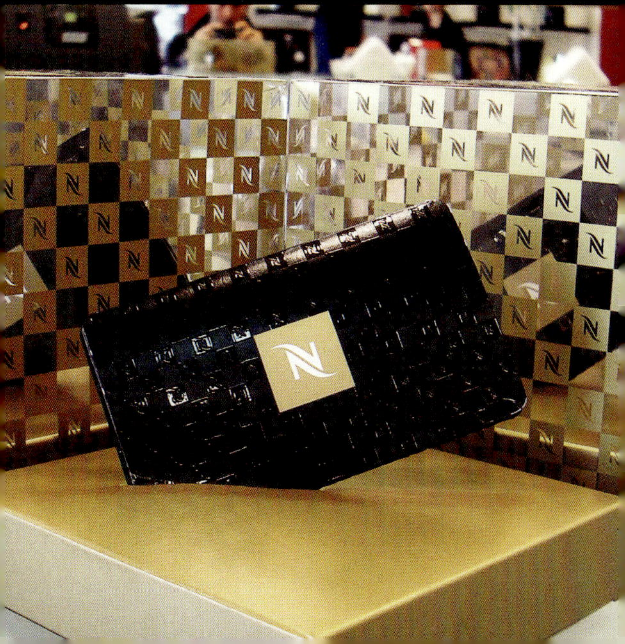

MITANI

QUALIDADE ÓPTICA SUPERIOR

2009

Cliente: Mitani | Óptica

Projeto: Identidade e comunicação visual. Projeto desenvolvido com o consultor em branding João Farkas.

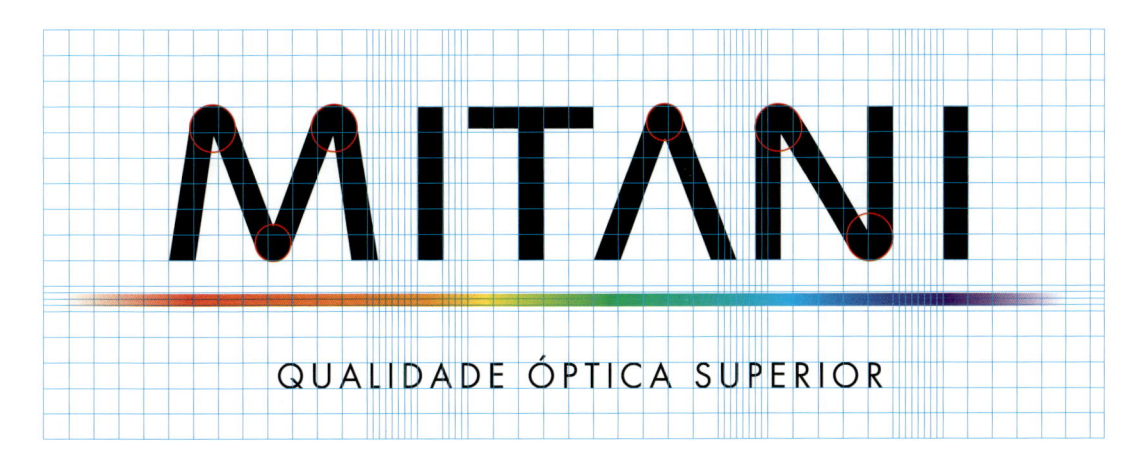

MITANI

QUALIDADE ÓPTICA SUPERIOR

Mitani tipografia corporativa
Futura

AaBbCc0123

abcdefghijklmnopqrstuvwyz
ABCDEFGHIJKLMNOPQRSTUVWYZ
1234567890$%&@'*(,.;#!?/<>)

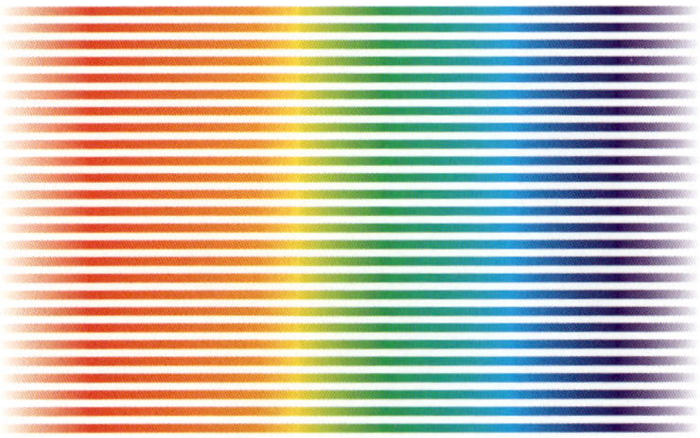

2009

Cliente: DecorAsia | Complementos para casa

Projeto: Identidade visual e design para catálogo de produtos. Projeto desenvolvido em parceria com a publisher Clarissa Schneider e fotos de Romulo Fialdini.

inspiração

equilíbrio

harmonia

2009

Cliente: Aquim | Gastronomia

Projeto: Identidade visual, projeto gráfico para catálogo e design da embalagem para a linha de chocolates Q, criado pelo arquiteto Oscar Niemeyer.

A magia da amêndoa perfeita e a descoberta de seu universo.

A magia da amêndoa perfeita e a descoberta de seu universo.
Q50s
Q70s
Q30i
Q50i
Q70i

QO

A MAGIA

DE UMA AMÊNDOA PERFEITA:
E A DESCOBERTA DO
SEU UNIVERSO.

---

30 — IRREVERÊNCIA
A IRREVERÊNCIA DE UMA AMÊNDOA PERFEITA: UM DOCE CONVITE À DANÇA.
Q30i

50 — ÍMPETO
O ÍMPETO DE UMA AMÊNDOA PERFEITA: MARCANTE E ARREBATADORA.
Q50i

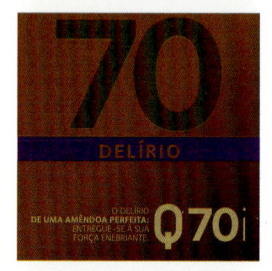

70 — DELÍRIO
O DELÍRIO DE UMA AMÊNDOA PERFEITA: ENTREGUE-SE À SUA FORÇA ENEBRIANTE.
Q70i

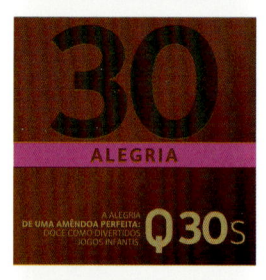

30 — ALEGRIA
A ALEGRIA DE UMA AMÊNDOA PERFEITA: DOCE COMO DIVERTIDOS JOGOS INFANTIS.
Q30s

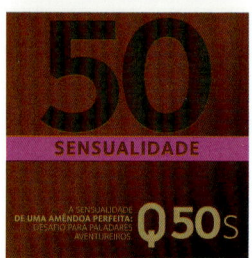

50 — SENSUALIDADE
A SENSUALIDADE DE UMA AMÊNDOA PERFEITA: DESAFIO PARA PALADARES AVENTUREIROS.
Q50s

70 — MISTÉRIO
O MISTÉRIO DE UMA AMÊNDOA PERFEITA: NEM TUDO É O QUE PARECE ARRISQUE-SE.
Q70s

AQUIM

AQUIM
AQUIM
AQUIM
AQUIM
AQUIM
AQUIM
AQUIM
AQUIM

AQUIM
AQUIM
AQUIM
70
Q70s
AQUIM
70
DELÍRIO
O DELÍRIO
DE UMA AMÊNDOA PERFEITA:
ENTREGUE-SE À SUA
FORÇA ENEBRIANTE.
Q70i

A MAGIA DA AMÊNDOA PERFEITA E A DESCOBERTA DO SEU UNIVERSO.

AGRADECEMOS
A RICARDO AQUIM,
QUERIDO PAI E MARIDO
QUE NOS SEDUZIU E INSTIGOU
NA JORNADA PELA BUSCA
DO SUBLIME.

PARTE 1:   A JORNADA DA DESCOBERTA

PARTE 1:   A JORNADA DA DESCOBERTA

CHOCOLATE Q DESCORTINA NO UNIVERSO DE Q0

CONHECER Q0 É DESFRUTAR DA MAGIA SINGULAR DE UMA AMÊNDOA PERFEITA E SE EMOCIONAR COM A DESCOBERTA DE UM NOVO UNIVERSO DE AROMAS E SENSAÇÕES. É TRAÇAR UM NOVO CAMINHO EM BUSCA DAS ORIGENS DO SABOR ESSENCIAL DO CHOCOLATE. EMBARCAR EM UMA VIAGEM NARRADA PELO PROCESSO DE QUALIDADE Q0. O PONTO DE PARTIDA É A MATA ATLÂNTICA ONDE SE CULTIVA O CACAUEIRO; A JORNADA SEGUE PELA FAZENDA, NAS ETAPAS DE COLHEITA, SELEÇÃO DO FRUTO, ABERTURA E SELEÇÃO DAS AMÊNDOAS, TRANSPORTE, FERMENTAÇÃO, SECAGEM, LIMPEZA E CLASSIFICAÇÃO, E ARMAZENAGEM. FAZ UMA PARADA DECISIVA NA FÁBRICA ONDE OCORREM A TORRA E A CONCHAGEM, E CULMINA EM UMA REVELAÇÃO PARA OS SENTIDOS. CONHECER Q0 É ACOMPANHAR A BUSCA OBSTINADA DE UMA FAMÍLIA PELA ORIGEM APAIXONANTE DO UNIVERSO ESQUECIDO DO CHOCOLATE QUE, INÉDITO EM SEU SABOR, RECEBEU A GENEROSA INTERPRETAÇÃO DE OSCAR NIEMEYER, AUTOR DA BARRA EXCLUSIVAMENTE DESENHADA PARA O AQUIM.

CAMINHOS DE Q0

PARA APROVEITAR ESTA VIAGEM PLENAMENTE, FOI CRIADA UMA DEGUSTAÇÃO COM OS 6 CORTES DE Q0. SÃO 6 TIPOS DE CHOCOLATES FEITOS A PARTIR DE COMBINAÇÕES DE Q0 PARA QUE VOCÊ CONHEÇA CADA ETAPA DA FORMAÇÃO DO SEU SABOR. CADA UM DELES APRESENTA TRECHOS INCONFUNDÍVEIS DO UNIVERSO DA AMÊNDOA PERFEITA QUE, QUANDO JUNTOS, CHOLAM NA EXPLOSÃO DELIRANTE DE Q0. À MEDIDA QUE VOCÊ PERCORRER ESTA DEGUSTAÇÃO VOCÊ CONHECERÁ A SUAVIDADE DOS AROMAS FRUTADOS DE Q305, Q505 E Q70 E DESPERTARÁ PARA A INTENSIDADE DAS NOTAS DO AMÊNDOA EM Q30I, Q50I E Q70I. SÓ ENTÃO SEU PALADAR ESTARÁ PRONTO PARA DEGUSTAR Q0.

Q50i

O ÍMPETO DA AMÊNDOA PERFEITA.
MARCANTE E ARREBATADORA.

Nosso de corpo e acolhemos na forte presença da fermentação, a amêndoa negra e simplesmente liberada aos nostis de madeira.

EXPERIMENTE UMA PASTILHA DE Q50i E IDENTIFIQUE:

Q50i - 50% DE Q0 E 77,2% DE CACAU

ESTE É UM PASSO DESCONCERTANTE NO MUNDO DE Q. QUANDO PARECE QUE ESTAMOS NOS DA DIREÇÃO A NOSANCES MAIS FECHADAS, A AMÊNDOA PERFEITA NOS SURPREENDE E NOS BRINDA COM SABORES CARAMELADOS. ELES NOS TOMAM A BOCA E DESPERTAM NOVAMENTE AS TONALIDADES DAS FRUTAS TROPICAIS, PASSEIAM EM UMA ATMOSFERA HERBÁCEA E RETORNAM, MARCANTES, A UMA INCONFUNDÍVEL NOTA CARAMELADA.

se você deseja avançar aos notas caramelosos vá para Q70i.

Se deseja reviviar as notas frutas valta para Q30i.

Q70i

O DELÍRIO DA AMÊNDOA PERFEITA.
ENTREGUE-SE À SUA FORÇA INEBRIANTE.

A complexidade de q a descola a medida que notas mais frescas dão lugar as notas mais intensas, e se alternam em um jogo vertiginoso de sabores.

EXPERIMENTE UMA PASTILHA DE Q70i E IDENTIFIQUE:

Q70i - 70% DE Q0 E 83,5% DE CACAU

AGORA A AMÊNDOA PERFEITA REVELA SUA INTIMIDADE O AROMA FERMENTADO ABRE CAMINHO DIRETO PARA FORÇA DA TERRA, INSINUANDO PELA RIQUEZA DAS NOTAS FRUTADAS E COMPOTADAS, PERCORRENDO O CAMINHO DA AMÊNDOA NA TRANSFORMAÇÃO EM CHOCOLATE, APRESENTANDO-NOS A FACE MAIS MADURA E MAIS PROVOCANTE DO CACAU. O QUE NOS FASCINA É A POTÊNCIA DE TONS FRUTADOS QUE MESMO DELICADOS, MANTÉM SUA EXUBERÂNCIA, NÃO SE SUBJUGANDO À BELEZA BRUTA DE UMA AMÊNDOA TORRADA. JUNTOS, EM HARMONIA, TODOS ESTES ACORDES DESFILAM NA BOCA ATÉ MARCAR SEU FIM COM IMPACTANTE PERSISTÊNCIA E DOCE LEMBRANÇA.

Se aventure na degustação de Q50i, a abordam harmonia de notas caramelosos perfeita.

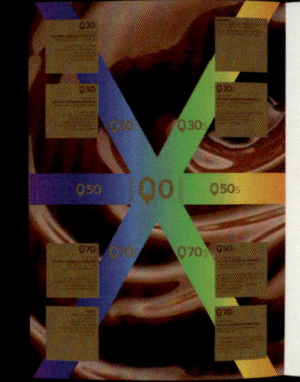

VOCÊ CHEGOU A Q0.
EXPERIMENTE UM PEDAÇO DE Q0 E IDENTIFIQUE:

Q0

UM SILÊNCIO SÚBITO O DOMINA.

COMO EM UMA CALMARIA, ELE ANTECEDE O REVOLTO UNIVERSO DE POSSIBILIDADES PRESTES A SER REVELADO. UM ACORDE DE VIOLONCELO. DEPOIS OUTRO. E VIOLINOS, E MAIS CORDAS. AGORA DOCES CLARINETAS. AGUDOS TROMPETES... AS NOTAS SE ALTERNAM À MEDIDA QUE SE SUCEDEM AS SENSAÇÕES DESPERTADAS NAS ETAPAS ANTERIORES DA JORNADA. VOCÊ VAI IDENTIFICAR CADA COMPASSO EXECUTADO AO LONGO DESTE CAMINHO. DETERMISE. DESFRUTE AS DELÍCIAS DE CADA MOVIMENTO. PERCEBA A POTÊNCIA DO AROMA FERMENTADO QUE, EM SEGUIDA, CEDERÁ À FORÇA DAS FRUTAS COMO BANANA, JACA E ABACAXI. REVOLVA OS AROMAS ATÉ CHEGAR ÀS NOTAS HERBAIS, COM TOQUE ALECRIM. SIGA ATÉ SE CONFRONTAR COM O ÍMPETO AMENDOADO DA TERRA E PERCORRA A DOÇURA, ORA COMPOTADA, ORA CARAMELADA. ESTA FOI APENAS A PRIMEIRA DESCOBERTA. OUTRAS REVELAÇÕES MÁGICAS AGUARDAM VOCÊ NO UNIVERSO DA AMÊNDOA PERFEITA, NO UNIVERSO DE DESCOBERTAS DAS PRÓXIMAS SAFRAS DE Q0.

PARTE 2: A CULTURA DE Q0

A PAIXÃO POR TRÁS DE Q0 | A FAMÍLIA AQUIM

EM TUDO QUE FAZEM, OS AQUIM BUSCAM O SABOR SINCERO, REAL, INÉDITO NA SUA AUTENTICIDADE E SOFISTICADO NA SUA PUREZA. HÁ QUINZE ANOS A MÃE LUIZA, A FILHA SAMANTHA E OS FILHOS RAFAEL E RODRIGO VÊM RENOVANDO SEU COMPROMISSO NÃO NEGOCIÁVEL COM A QUALIDADE. SUAS CRIAÇÕES NASCEM DE UMA PAIXÃO, DE UMA EMOÇÃO. A BUSCA DA AMÊNDOA PERFEITA COMPROVA ESTA INQUIETUDE. ESTA VONTADE DE COMPARTILHAR COM O MUNDO A BELEZA EM ESTADO BRUTO, TRAZIDA À TONA PELO TALENTO E PELO RESPEITO COM QUE OS AQUIM DOMINAM SEU OFÍCIO.

A MAGIA PERDIDA

A HUMANIDADE LEVOU SÉCULOS ATÉ DESCOBRIR O CACAU. EM 1492 OS CONQUISTADORES EUROPEUS SE FASCINARAM COM O PRODUTO E O LEVARAM PARA AS CORTES DA EUROPA. ONDE FOI ADOÇADO E MISTURADO AO LEITE. ATÉ ENTÃO, O CACAU UMA EXCLUSIVIDADE ANCESTRAL DE MAIAS E ASTECAS, QUE O CONSUMIAM EM UM CALDO DE ÁGUA E FARINHA DE MILHO. FORAM NECESSÁRIOS MAIS DE 400 ANOS DE EVOLUÇÕES TECNOLÓGICAS ATÉ QUE O PRODUTO GANHASSE A FORMA, O ASPECTO E O PALADAR QUE TODO MUNDO CONHECE NOS DIAS DE HOJE. A RAPIDEZ COM QUE O CHOCOLATE INVADIU O MUNDO NO SÉCULO XX, CONTUDO, DEIXOU SEQUELAS NA SUA FORMA DE PRODUÇÃO. A MASSIFICAÇÃO DISTANCIOU O PRODUTO FINAL, DA MAGIA ARREBATADORA ENCONTRADA ORIGINARIAMENTE NA AMÊNDOA DE CACAU. ESTE CAMINHO DE VOLTA À ORIGEM, DE ENCONTRO DA VERDADE ELIXIRADA EM CADA SEMENTE, FOI O CAMINHO PERCORRIDO POR NÓS DA FAMÍLIA AQUIM.

AQUIM

LIA SOUZA
SÃO PAULO BRASIL

2009

Cliente: Lia Souza | Fashion designer

Projeto: Identidade visual, material promocional e design de catálogo. Fotos de Andre Passos e styling de Ana Bogossian e Lia Souza.

LIA SOUZA
SÃO PAULO BRASIL
LIA SOUZA
SÃO PAULO BRASIL

LIA SOUZA
SÃO PAULO BRASIL

LIA SOUZA
SÃO PAULO BRASIL

LIA SOUZA

LIA SOUZA

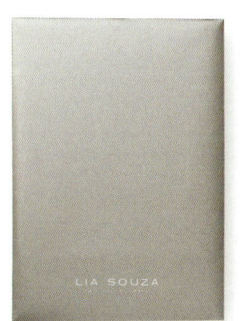

2009

Cliente: Auana | Editora

Projeto: Design do livro e da exposição "Origem, Retratos de Família no Brasil", da fotógrafa Fifi Tong, tendo como curador da exposição Diógenes Moura.

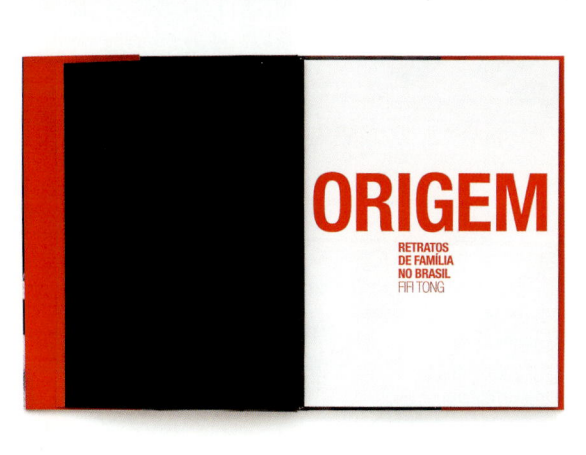

ORIGEM
RETRATOS DE FAMÍLIA NO BRASIL
FIFI TONG

ORIGEM
ORIGEM
BancoBBM

Fotografia: Fif Tong
Curadoria da Exposição: Di gen s Moura
Design: Cláudio Novaes
Digita iz ção de negativos,
tratamento de im gens e impressão: Estúdio M rcos Ribeiro
Edição de Tex os: Ana Augusta R cha e Elisa Cohen
Rev são: V'vian Miwa Matsush ta
Produção Gráfica: L iz Dominguez
Realização: Auana Ed tora
Patrocínio: Banco BBM

ORIGEM
BancoBBM

ORIGEM
PEDRO AFONSO VASQUEZ

ORIGEM
RETRATOS
DE FAMÍLIA
NO BRASIL
FIFI TONG

2008

Cliente: Pinacoteca do Estado de São Paulo

Projeto: Criação da marca comemorativa do centenário da Pinacoteca.

I CENTENÁRIO
PINACOTECA

BUTIK
BETO & NÓREA

2008

Cliente: Butik | Complementos para casa

Projeto: Identidade visual.

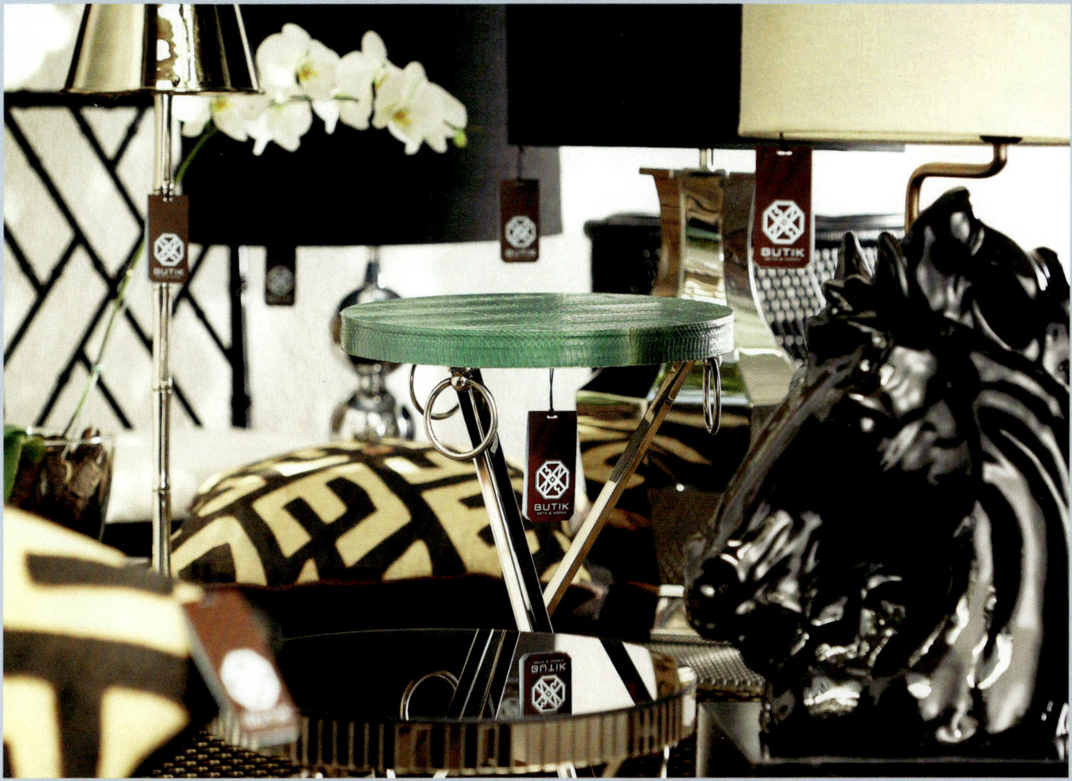
BUTIK
BUTIK
BUTIK

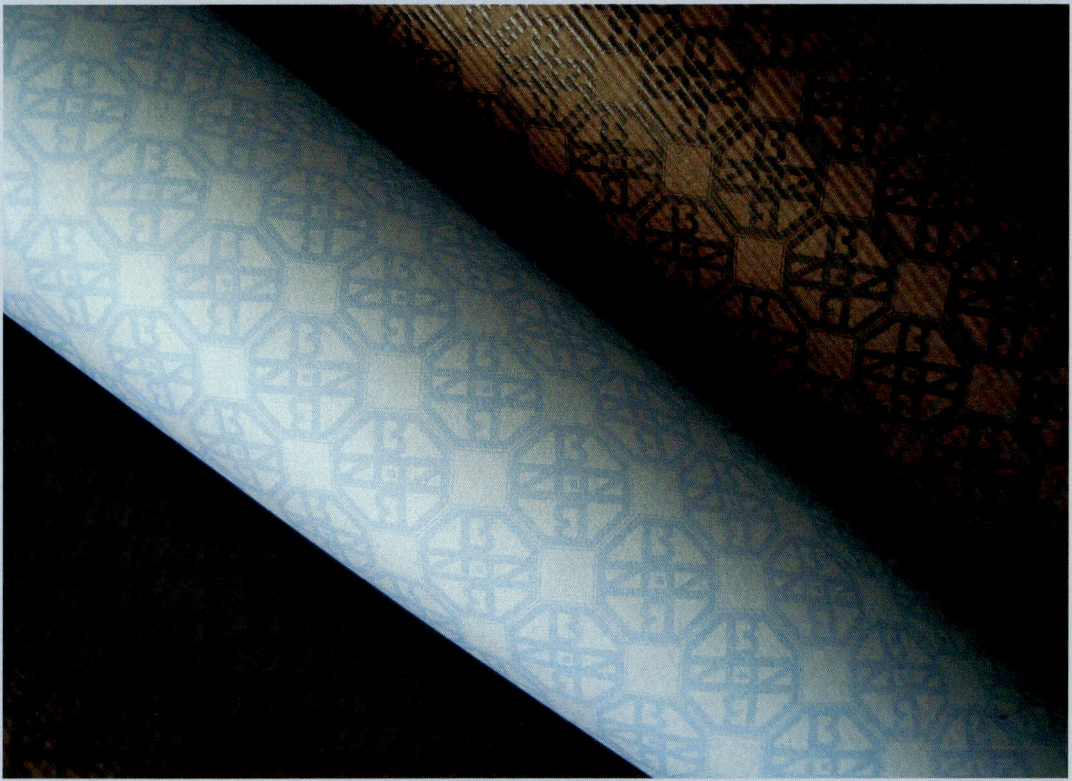

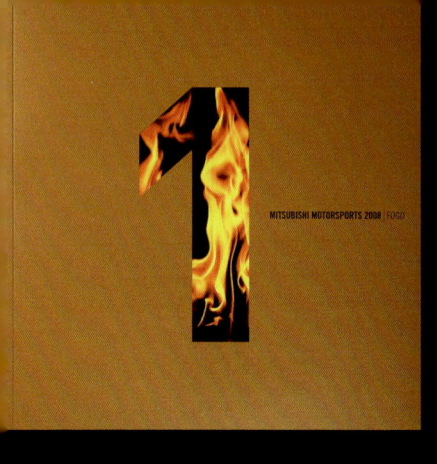

MITSUBISHI MOTORSPORTS 2008 | FOGO

MITSUBISHI MOTORSPORTS 2008 | TERRA

MITSUBISHI CUP 2008 | AR

MITSUBISHI OUTDOOR 2008 | ÁGUA

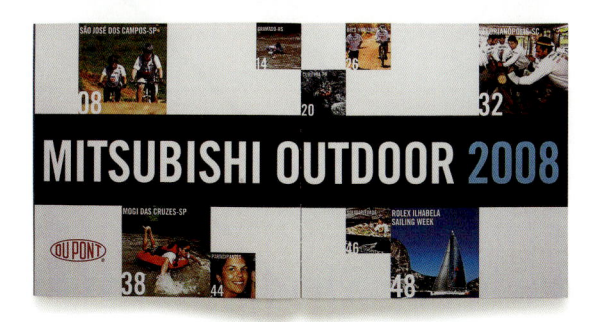

Incontrolável como o fogo é a criatividade. Não é à toa que a chama representa a idéia. A matéria combustível em contato com o ar produz algo novo e surpreendente: a luz. A matéria, seja ela qual for, cria algo novo, quente, estimulante. O elemento fogo ilustra completamente este livro em que a inspiração é que gera o fogo da criatividade. A Mitsubishi Motors homenageia a criação e a representação artística de renomadas personalidades brasileiras, numa visão pessoal sobre os elementos que formam o mundo 4x4.

O elemento terra nos dá ingredientes essenciais para a vida moderna, como os minerais, que se moldam ao talento humano e adquirem formas tecnológicas presentes em nosso dia-a-dia. É assim que nasce um Mitsubishi. O DNA 4x4 de um Mitsubishi fica evidente na volta às origens do elemento terra. As trilhas do rali Mitsubishi Motorsports abraçam o veículo. Nesse rali, um Mitsubishi deve superar sim os obstáculos e cumprir o roteiro, mas sempre em harmonia completa com a natureza. Afinal, os obstáculos que o elemento terra pode criar não passam de um jeito de dar boas-vindas ao Mitsubishi que volta a casa. Então, é preciso aproveitar. A terra é 4x4 e 4x4 é Mitsubishi.

MITSUBISHI OUTDOOR 2008

DEPOIS DA DIVERSÃO NO RALI, CHEGA A HORA MAIS ESPERADA: A DE SUBIR AO PÓDIO E RECEBER OS TROFÉUS. QUEM JÁ ESTEVE LÁ SABE: O CORAÇÃO DISPARA, A ADRENALINA SOBE. AS EQUIPES SE ABRAÇAM, MUITA GENTE CHORA. UMA EMOÇÃO INESQUECÍVEL.

1º Status Gabardo
2º Serra Grande
3º Landscape
4º Bora-Bora
5º Tubarões

SER 4X4...

O que era uma determinação técnica sobre um automóvel acabou dando nome a uma característica humana. O que não passava de uma especificação, um tipo de tração, se transformou em uma expressão de admiração a alguém. Uma virtude. Um elogio sincero. Ser 4x4. Se a verdade é filha do tempo, o tempo tem mostrado que a Mitsubishi Motors vem conquistando o coração de quem ama o automobilismo, a liberdade e a versatilidade. E foi na natureza que a Mitsubishi Motors se inspirou para criar este livro. A terra, a água, o ar e o fogo são mais do que obstáculos a serem superados. Viraram material em que se aplicam talento e tecnologia. É como uma tela na qual se realiza uma obra-prima. Os elementos se transformam em arte.

RIO SUMMER FASHION

15 A 22/10/2008
MUSEU DE ARTE MODERNA
RIO DE JANEIRO

MODA
COMPORTAMENTO
ARTE
ESTILO

RIOSUMMERFASHION   RIOSUMMERFASHION   RIOSUMMERFASHION

RIO SUMMER FASHION

2008

Cliente: Africa Propaganda | Rio Summer Fashion

Projeto: Identidade e comunicação visual.

CARLOS EMÍLIO AT HOME

2008

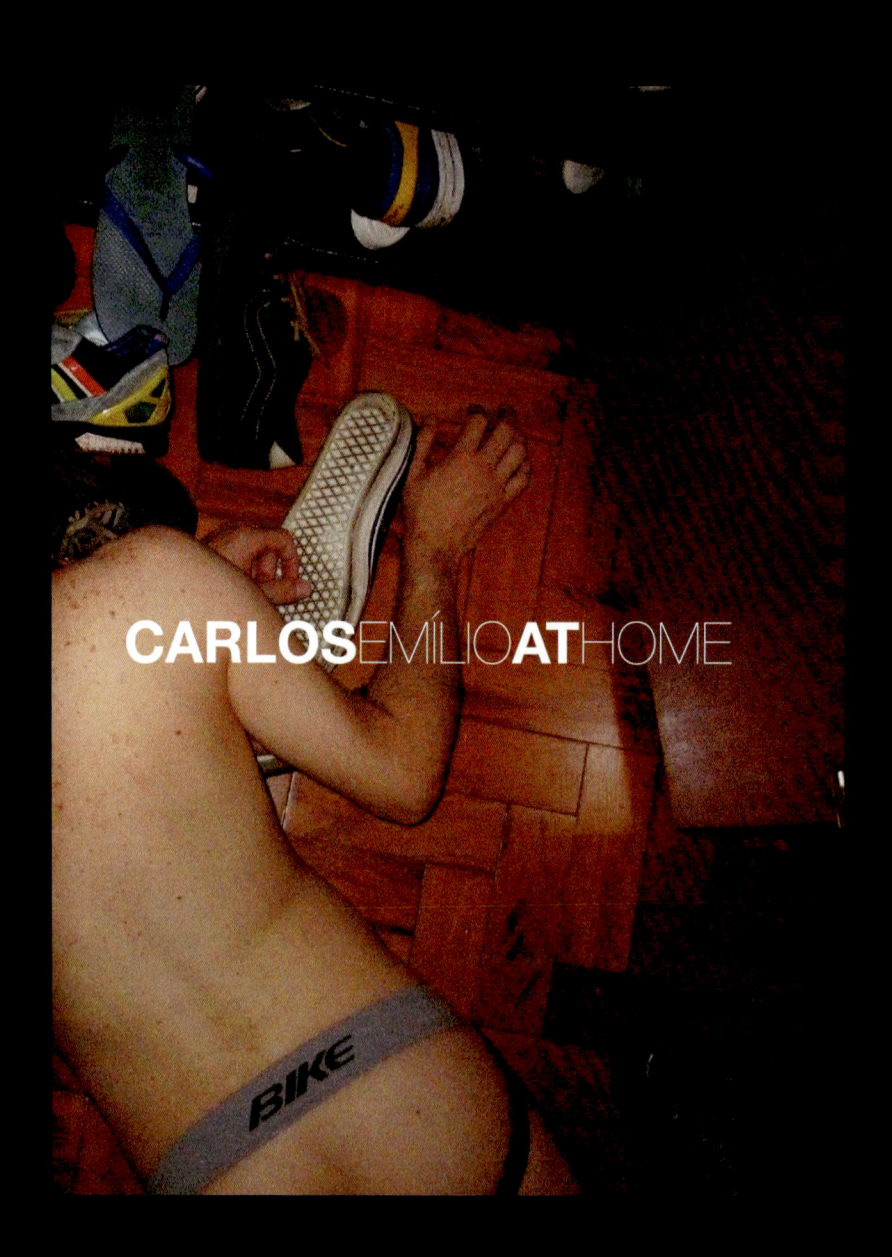

Cliente: Carlos Emílio | Fotógrafo

Projeto: Projeto gráfico para o livro *Carlos Emílio at Home*.

99

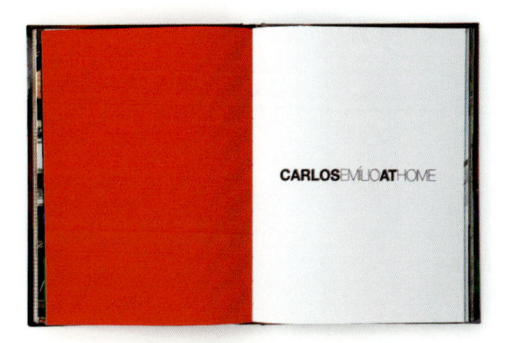

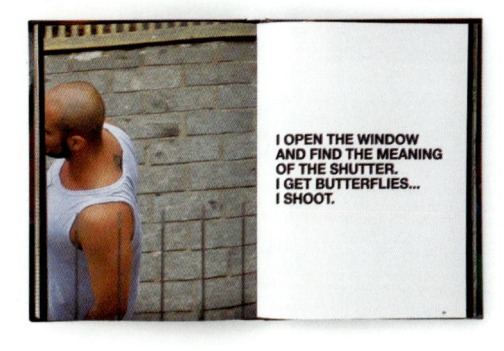

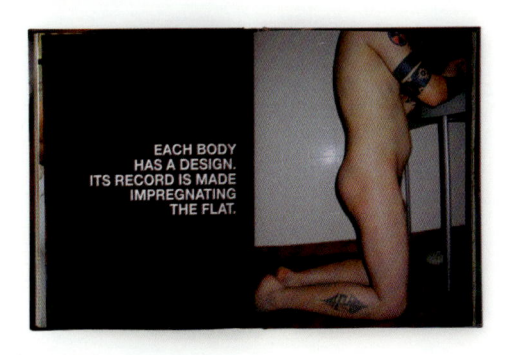

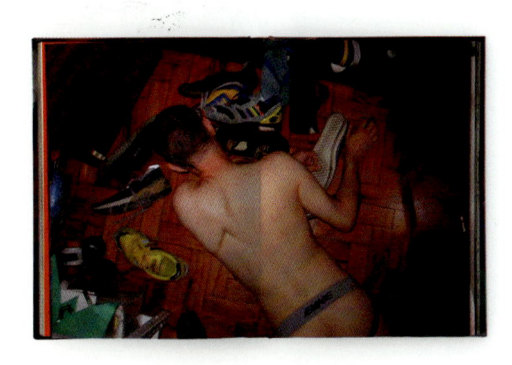

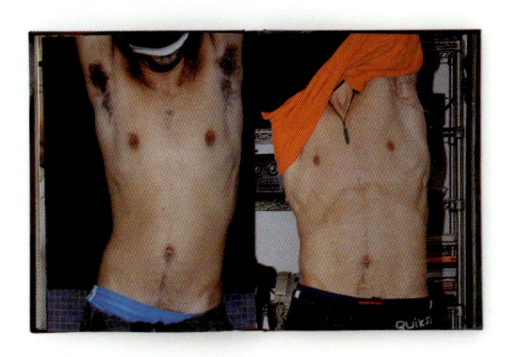

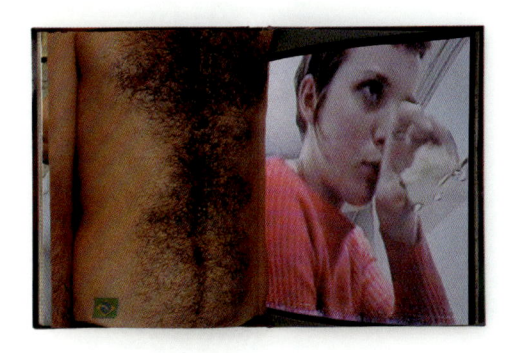

linha	linha	linha	linha	linha	linha
mata	mata	azulejo	mata	mata	azulejo
padrão	padrão	padrão	padrão	padrão	padrão
folha	**jacaré**	**drops**	**cipó**	**peixe**	**drops**
comprimento 10 metros	comprimento 10 metros	comprimento 10 metros	comprimento 10 metros	comprimento 10 metros	comprimento 52
largura 52 centímetros	largura 52 centímetros	largura 52 centímetros	largura 52 centímetros	largura 52 centímetros	

bobinex
papel de parede

bobinex
papel de parede

2008

Cliente: Bobinex | Papel de parede

Projeto: Identidade visual e projeto gráfico de catálogo da linha de papéis de parede desenvolvido pelo designer Marcelo Rosenbaum.

Bobinex tipografia corporativa
Futura

AaBbCc0123

abcdefghijklmnopqrstuvwxyz
ABCDEFGHIJKLMNOPQRSTUVWXYZ
1234567890$%&@'*(,.;#!?/<>)

pipa

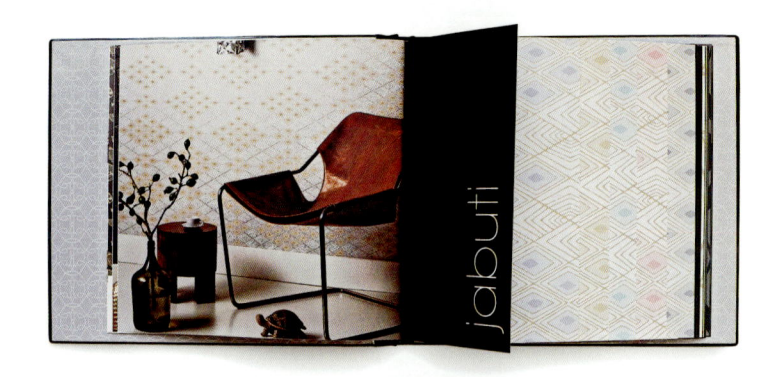

jabuti

folha

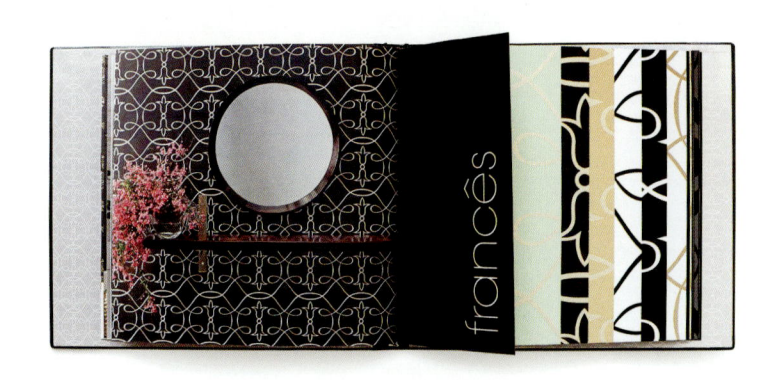

francês

**ATENÇÃO:
A VIDA PEDE PASSAGEM.**
DÊ PREFERÊNCIA À VIDA.
RESPEITE O PEDESTRE.

2011

Cliente: Prefeitura de São Paulo

Projeto: Conceito e projeto gráfico para o material de apoio à Campanha de Proteção ao Pedestre. Ilustrações de Marcos Oliveira Silva.

ATENÇÃO NO EDUCAR
1

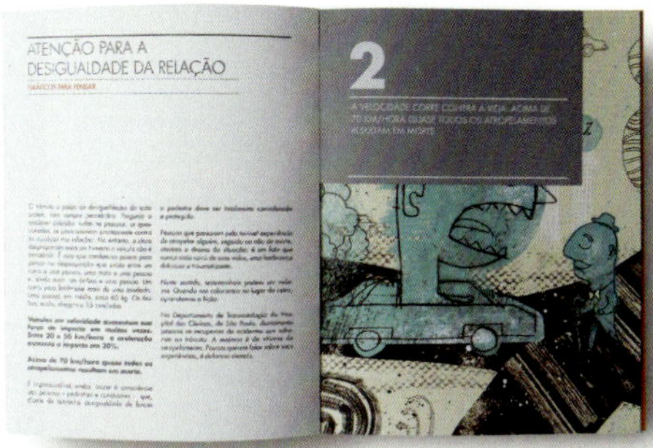
ATENÇÃO PARA A DESIGUALDADE DA RELAÇÃO
2

TRÂNSITO EM SÃO PAULO
3

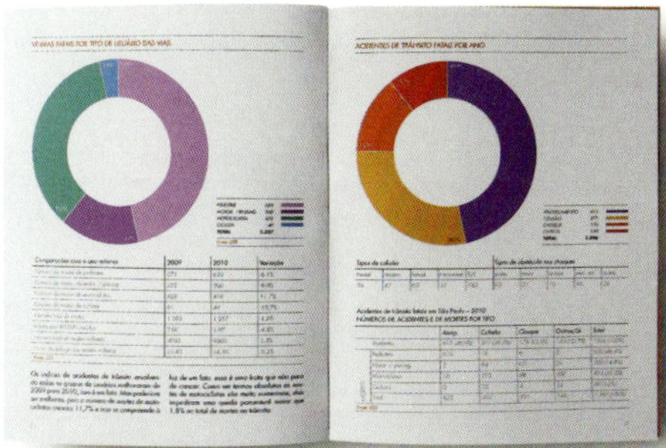

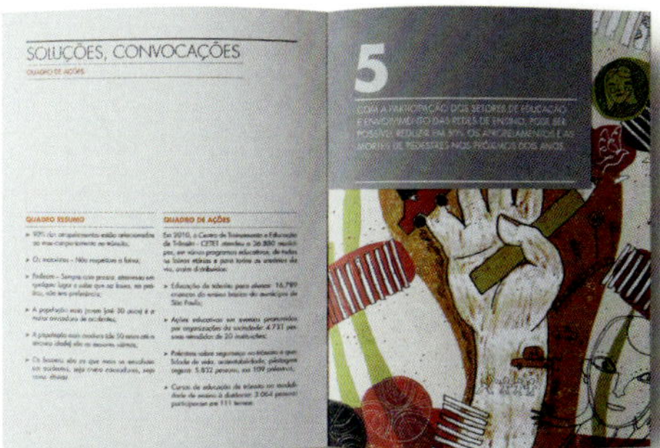
SOLUÇÕES, CONVOCAÇÕES
5

2008

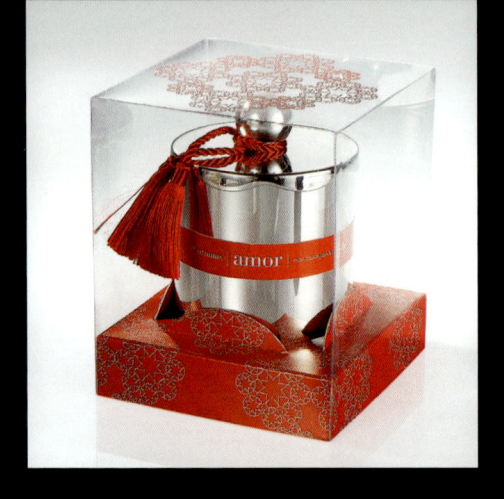

Cliente: Riva | Utensílios em prata

Projeto: Identidade visual e design da família de embalagens de velas aromáticas Riva Aromas, por Clarissa Schneider.

rivaromas   rivaromas   rivaromas   rivaromas

rivaromas
POR CLARISSA SCHNEIDER

amor

sensualidade

alegria

paz

2007

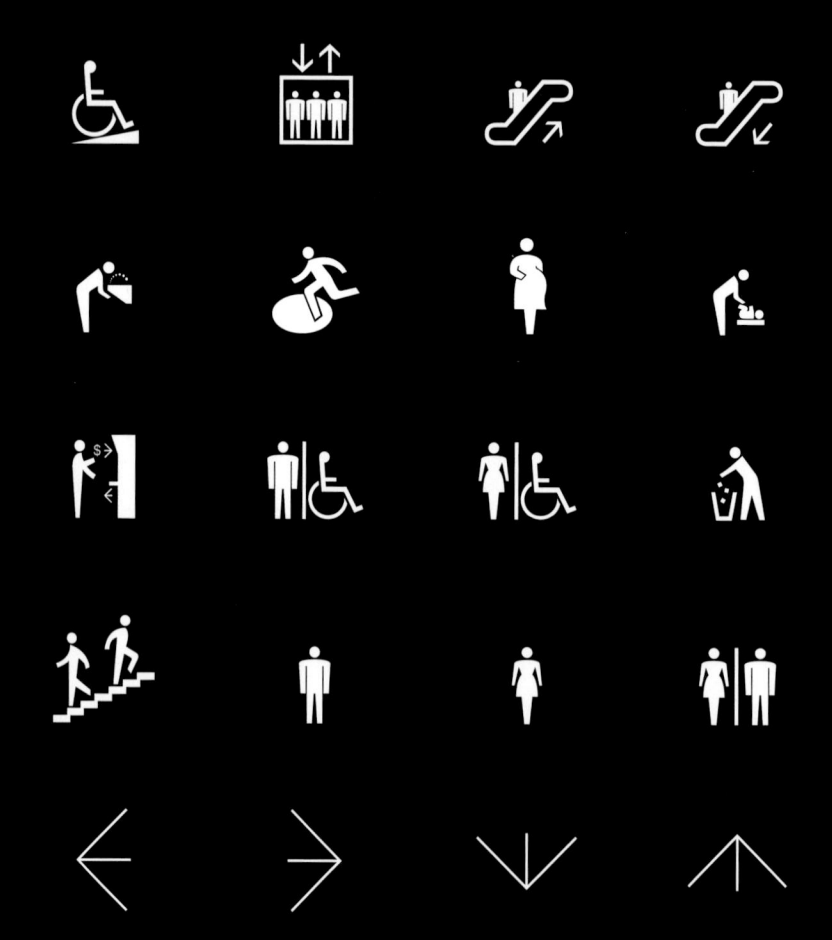

Cliente: Shopping Cidade Jardim

Projeto: Design do sistema de sinalização interna e externa. Projeto desenvolvido em parceria com a arquiteta Luciana Turco e fotos de Augusto Bartolomei.

escadas rolantes
escalators

administração
administration

acesso ao
shopping
estacionamento

3º piso jardim
2º piso arte & design
1º piso
térreo
1º subsolo

sibipiruna

sanitários
restrooms

acesso
ao shopping

concierge

alarme sonoro
alarme de incêndio

saída
exit

valet
taxi
self parking
estacionamento

SCJ tipografia corporativa
Helvética Neue

AaBbCc0123

abcdefghijklmnopqrstuvwyz
ABCDEFGHIJKLMNOPQRSTUVWYZ
1234567890$%&@'*(,.;#!?/<>)

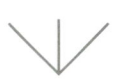

Dalva e Dito

2008

Cliente: Dalva e Dito | Restaurante

Projeto: Identidade e comunicação visual para restaurante especializado em gastronomia brasileira, do chef Alex Atala. Os azulejos do artista Athos Bulcão existentes no restaurante foram a inspiração para o projeto gráfico.

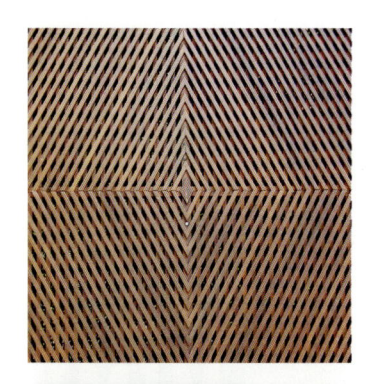

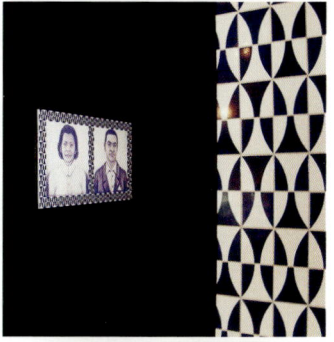

Rua Padre João Manoel 1115
01411-001 São Paulo SP Brasil
Tel: 55 11 3064 6183

dalvaedito@dalvaedito.com.br
www.dalvaedito.com.br

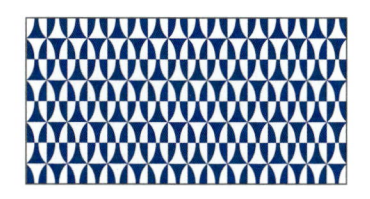

Dalva e Dito

Rua Padre João Manoel 1115
01411 001 São Paulo SP Brasil
Tel: 55 11 3064 6183

dalvaedito@dalvaedito.com.br
www.dalvaedito.com.br

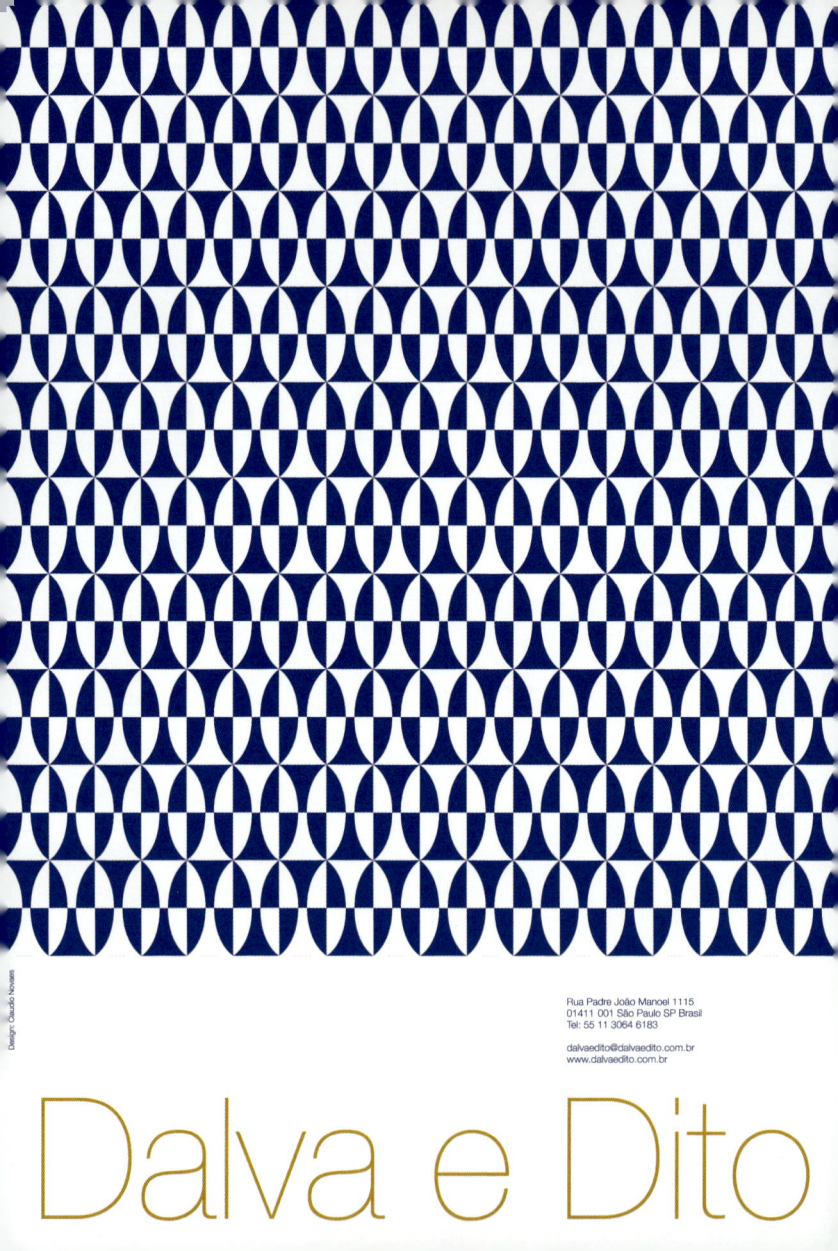

Design: Claudio Novaes

Dalva e Dito

Rua Padre João Manoel 1115
01411 001 São Paulo SP Brasil
Tel: 55 11 3064 6183

dalvaedito@dalvaedito.com.br
www.dalvaedito.com.br

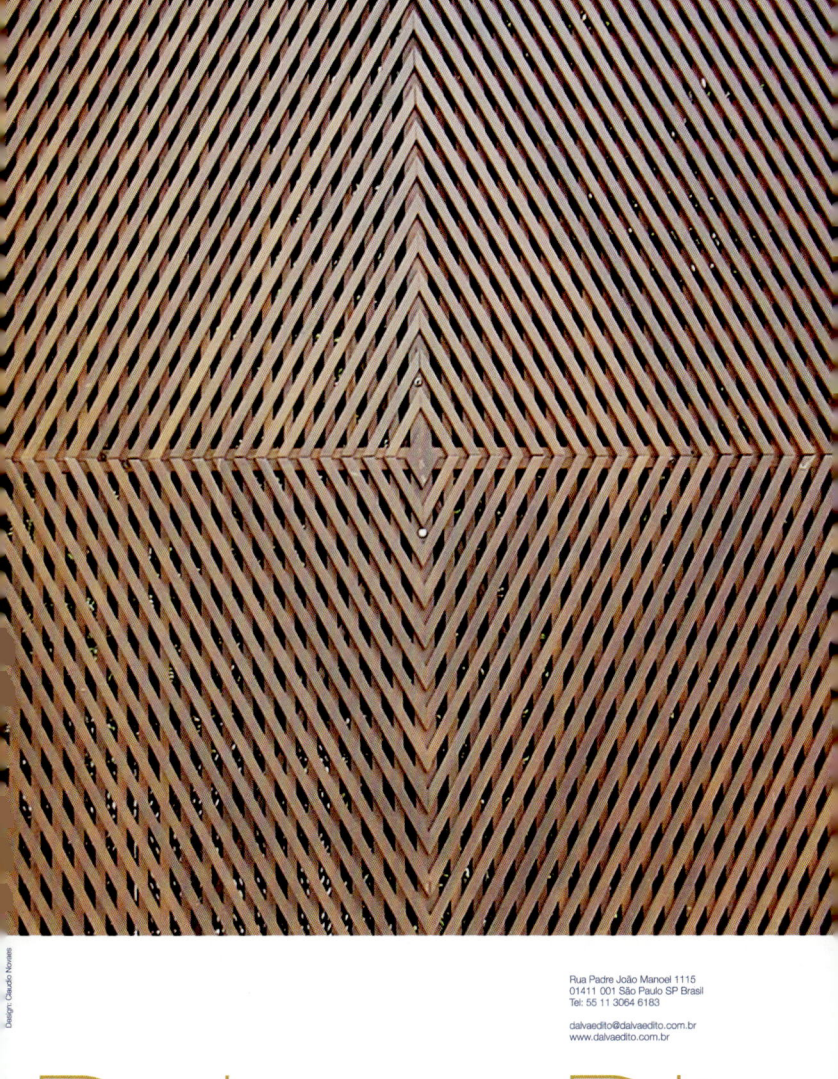

Design: Claudio Novaes

Dalva e Dito

living
level™ | VODKA

impressions
level™ | VODKA

manifesto
level™ | VODKA

2007

Cliente: Interfood | Absolut Level

Projeto: Comunicação visual e arquitetura de stand para o evento "Living Level Vodka, Impressions Level Vodka e Manifesto Level Vodka". Projeto desenvolvido em parceria com o arquiteto Maurício Arruda.

living
level. | VODKA
living
level. | VODKA
Além do Óbvio
Beyond the Obvious
De Quarta-Feira
Lucia Koch | Stand / Instalação
Durante o horário da feira
Quarta-Feira
Camila Sposati
Das 16 às 23 h
Encontro com a artista às 19 h
Quinta-Feira
Joana Traub Csekö
Fotografias pb
Das 14 às 22 h
Encontro com a artista às 19 h
Sexta-Feira
Julio Callado
Ampliações fotográficas
Das 14 às 22 h
Encontro com o artista às 19 h
Gustavo Speridião
Das 12 às 21 h
Lucia Koch
Fair hours
Camila Sposati
From 4 pm to 11 pm
Meeting the artist at 7 pm
Joana Traub Csekö
B & W photographs
From 2 pm to 10 pm
Meeting the artist at 7 pm
Julio Callado
Photographic blowups
From 2 pm to 10 pm
Meeting the artist at 7 pm
Gustavo Speridião
From 12 pm to 9 pm
www.levelvodka.com
living
level. | VODKA

living level. | VODKA

Além do Óbvio

A busca por inspiração foi o que levou V&S ABSOLUT SPIRITS a adentrar o o círculo artístico e essa mesma busca tem alimentado, há mais de vinte anos, nossa colaboração com o mundo das artes. Essa longa relação e o desejo explícito de dar suporte à comunidade artística, que tanto contribuiu para nossa marca, fizeram de V&S ABSOLUT SPIRITS não um comprador, mas parte integrante desta comunidade. O objetivo da nossa parceria com a SP/Arte é tanto inspirar o consumidor de vodka de luxo, quanto o amante da arte contemporânea. O resultado, um espaço não convencional, que une os melhores drinques da cidade a obras cuidadosamente selecionadas para a ocasião. Living Level Vodka. Esqueça o óbvio.

Level Vodka. Vodka superior, com caráter incomum. Dos fabricantes de Absolut Vodka.

Gustavo Clauss V&S ABSOLUT SPIRITS Brasil

De Quarta-Feira 18/04/2007 a Domingo 22/04/2007
Lucia Koch | Stand / Instalação, 2007

Quarta-Feira 18/04/2007
Camila Sposati | Polígonos Inflexíveis, 2007
Cortes de acetato e projeção / 2'45"

Quinta-Feira 19/04/2007
Joana Traub Csekö | Empena, 2006 / Fotografias pb

Sexta-Feira 20/04/2007
Julio Callado | Unidades-Padrão / Unidades Disponíveis / Ampliações fotográficas

Sábado e Domingo 21 e 22/04/2007
Gustavo Speridião | Nuvens...

119

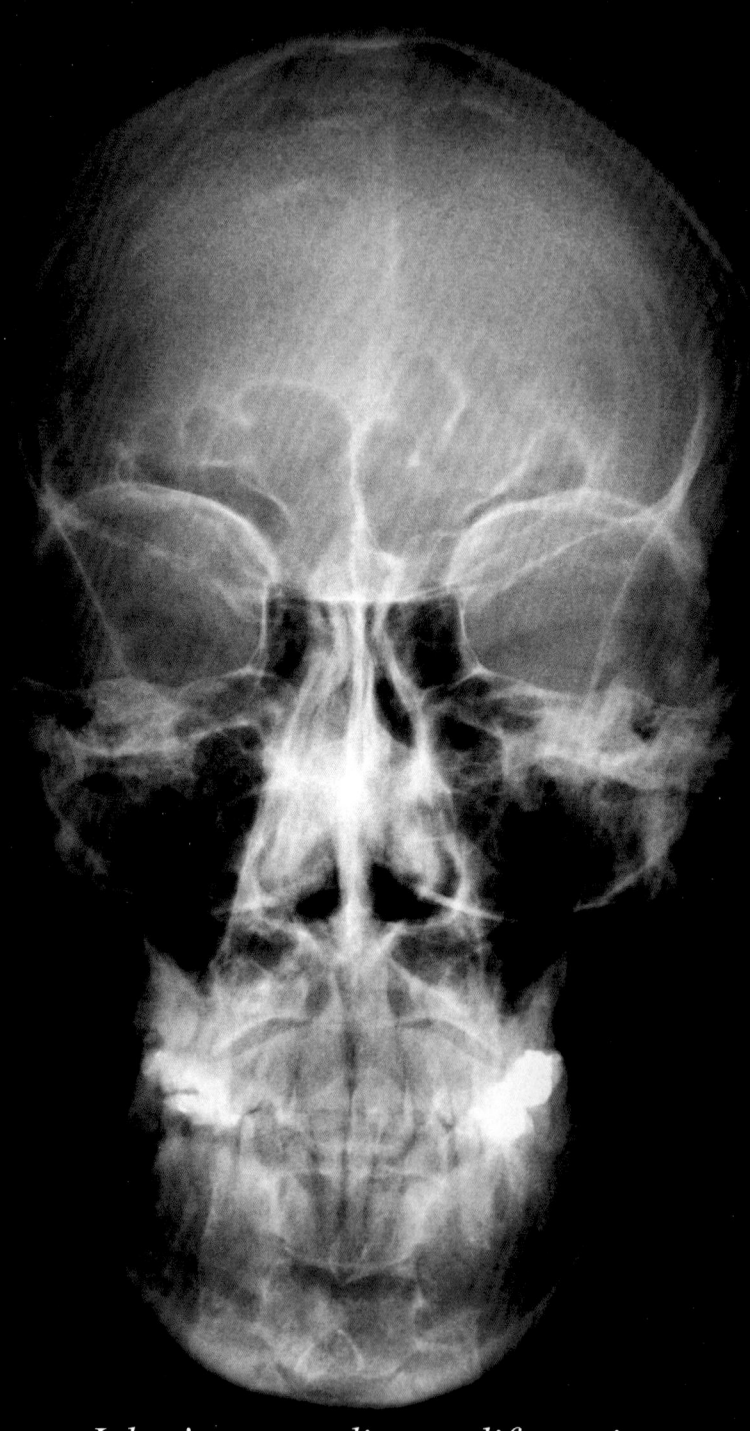

I don't want to live my life again
(Ramones)

2007

Cliente: Alex Atala | Editora Larousse

Projeto: Projeto gráfico e direção de arte do livro *Escoffianas brasileiras*, de Alex Atala e Carolina Chagas, com fotos de Cássio Vasconcelos.

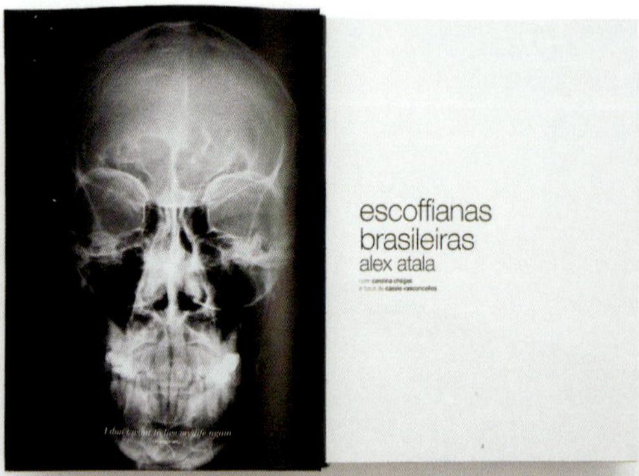
escoffianas
brasileiras
alex atala

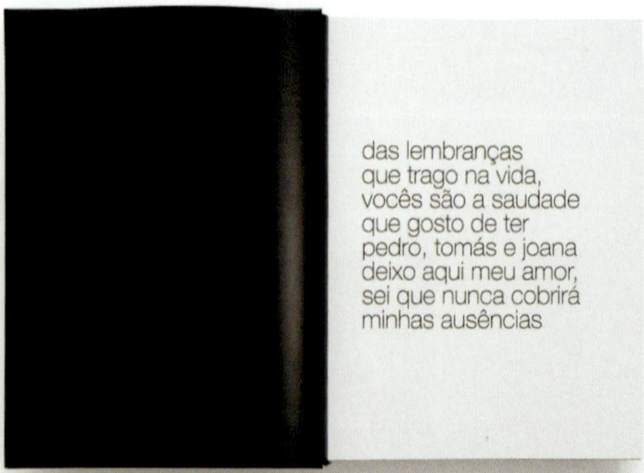
das lembranças
que trago na vida,
vocês são a saudade
que gosto de ter
pedro, tomás e joana
deixo aqui meu amor,
sei que nunca cobrirá
minhas ausências

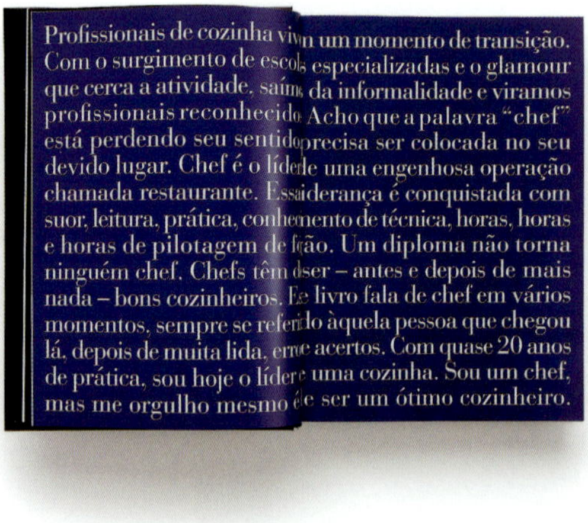
Profissionais de cozinha vi um momento de transição.
Com o surgimento de escol especializadas e o glamour
que cerca a atividade, saím da informalidade e viramos
profissionais reconhecid Acho que a palavra "chef"
está perdendo seu sentid precisa ser colocada no seu
devido lugar. Chef é o líd le uma engenhosa operação
chamada restaurante. Ess iderança é conquistada com
suor, leitura, prática, conh mento de técnica, horas, horas
e horas de pilotagem de fião. Um diploma não torna
ninguém chef. Chefs têm ser – antes e depois de mais
nada – bons cozinheiros. livro fala de chef em vários
momentos, sempre se refer lo àquela pessoa que chegou
lá, depois de muita lida, er e acertos. Com quase 20 anos
de prática, sou hoje o líder uma cozinha. Sou um chef,
mas me orgulho mesmo e ser um ótimo cozinheiro.

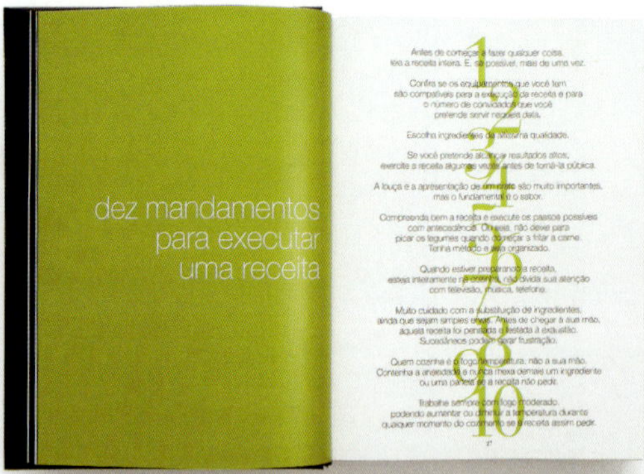
dez mandamentos
para executar
uma receita

caldo de frango
caldo escuro de frango

cortes franceses
de porco
o foie gras

nhoque com rabada

terrine de
foie gras com
gelatina de acerola
e semente de abóbora

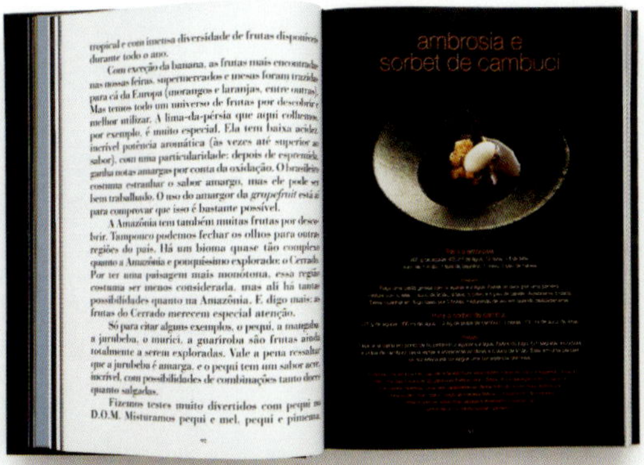
ambrosia e
sorbet de cambuci

palmito fresco
e vieiras de coral

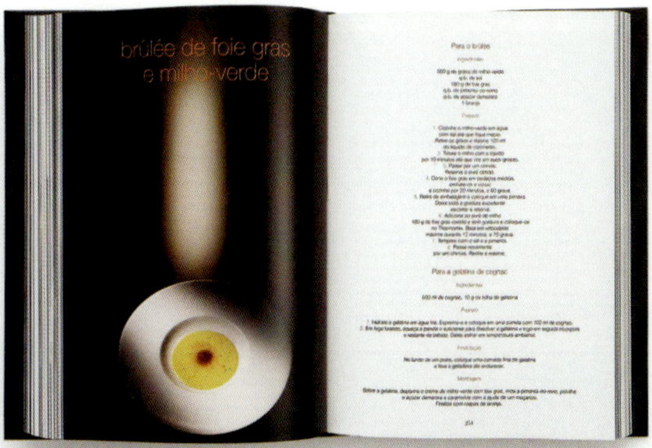
brûlée de foie gras
e milho-verde

móveis | objetos | complementos | compra | venda | locação | www.lojateo.com.br

móveis | objetos | complementos | compra | venda | locação | www.lojateo.com.br

Teo

Teo

2007

Cliente: TEO | Móveis, objetos e complementos

Projeto: Identidade e comunicação visual.

2007

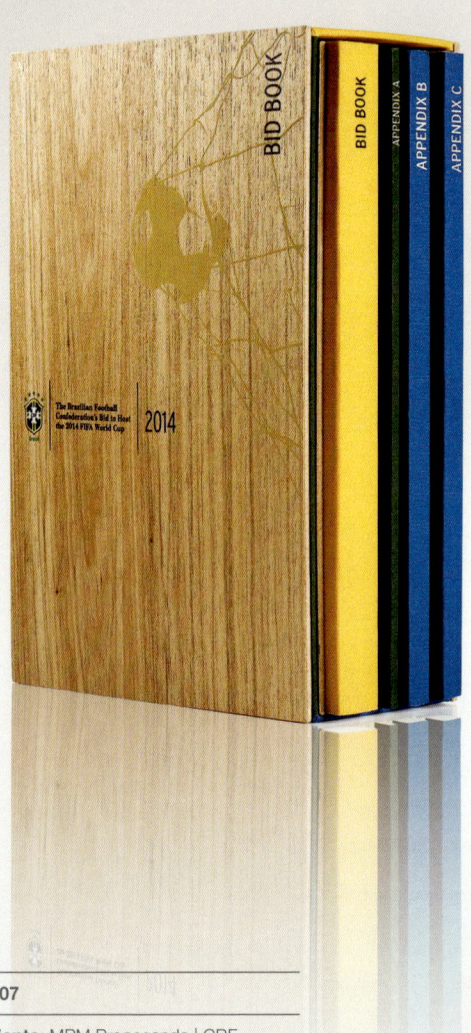

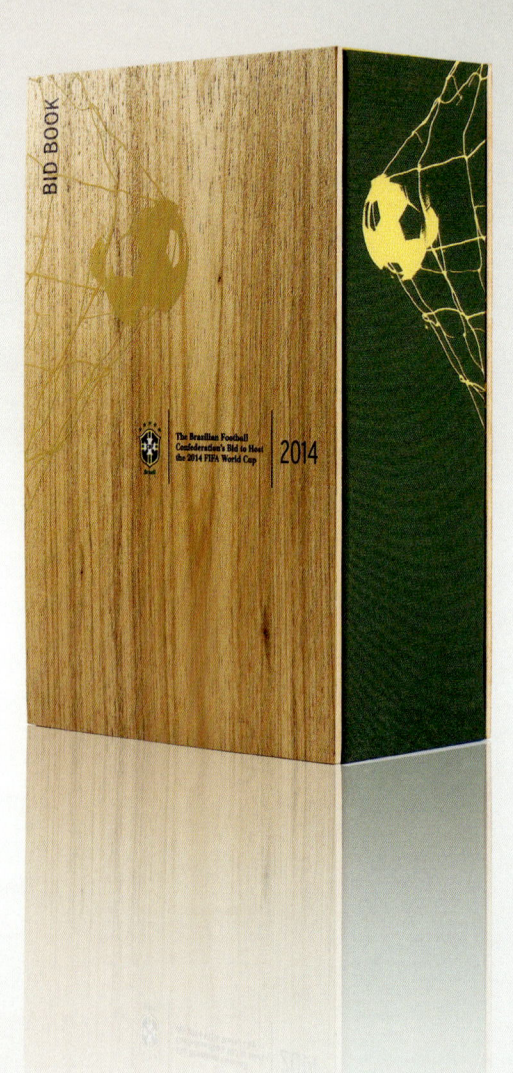

Cliente: MPM Propaganda | CBF

Projeto: Design e projeto gráfico para *The Brazilian Football Confederation's Bid to Host the 2014 FIFA World Cup*. Projeto desenvolvido em parceria com o designer Jorge Iervolino.

127

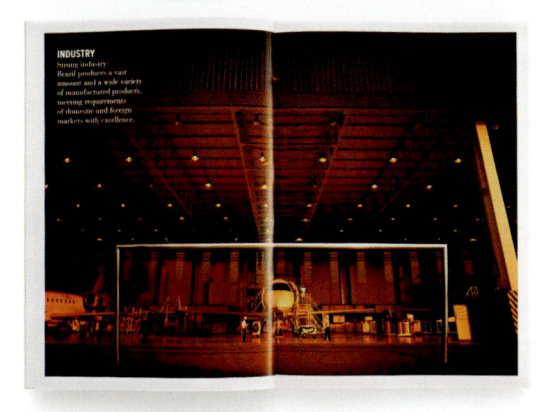

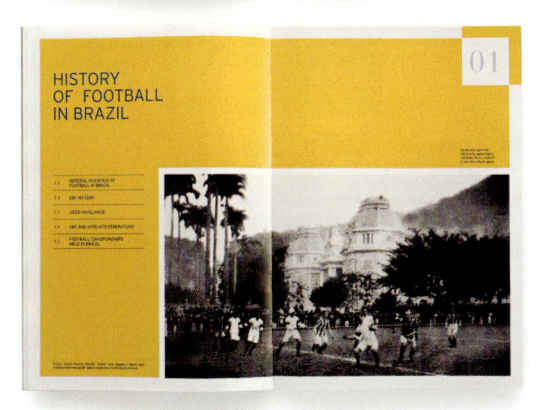

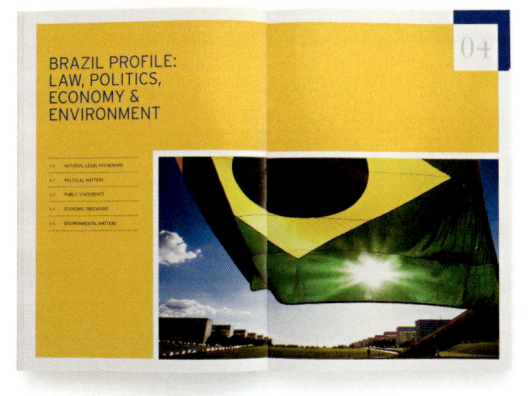

2007

Cliente: Africa Propaganda | Mitsubishi Motors

Projeto: Design e projeto gráfico para o livro *Mitsubishi Motorsports 2007*. Projeto desenvolvido em parceria com o diretor de criação Sergio Gordilho.

129

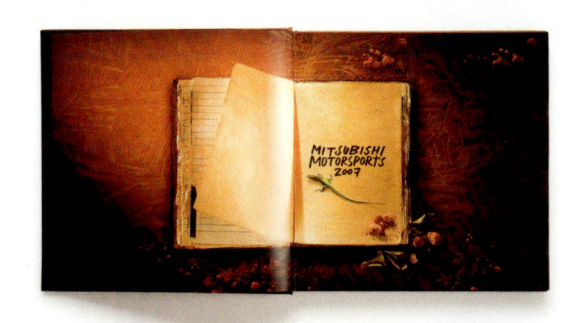

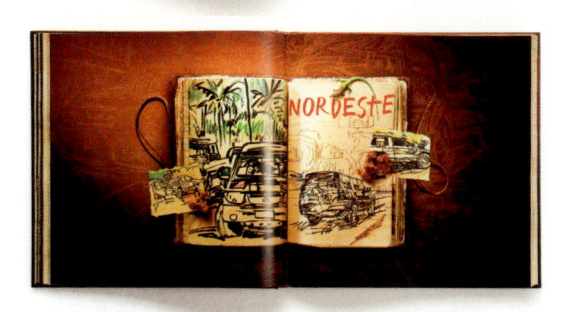

ANASTASSIADIS
ARQUITETOS

ANASTASSIADIS
ARQUITETOS

2007

Cliente: Anastassiadis | Arquitetos

Projeto: Identidade visual.

CAU
CHOCOLATES

2006

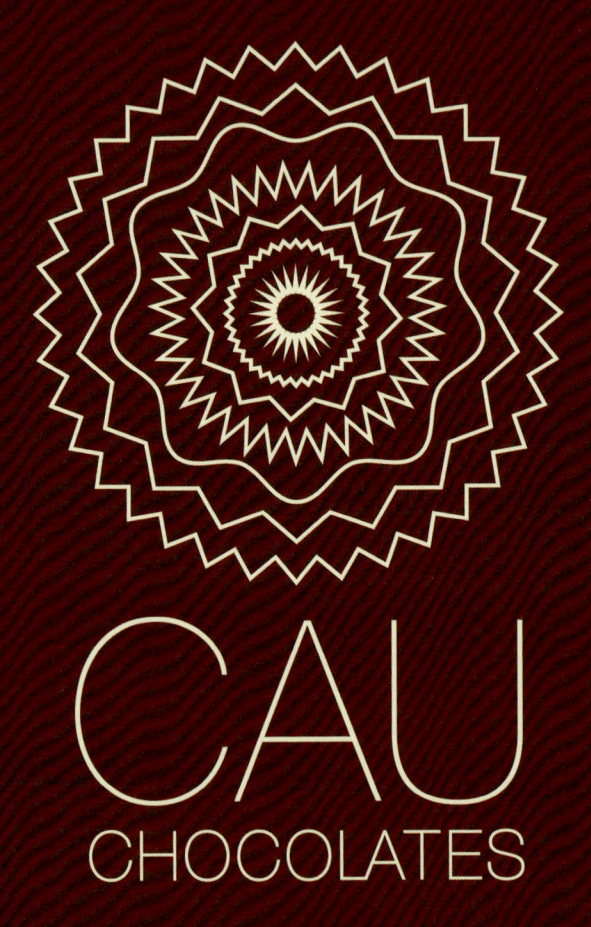

Cliente: CAU | Chocolates

Projeto: Identidade visual, design de embalagem, comunicação visual e material promocional.

CAU
CHOCOLATES

CAU
CHOCOLATES

CAU
CHOCOLATES

CAU
CHOCOLATES

CAU
CHOCOLATES

CAU
CHOCOLATES

CAU
CHOCOLATES
CAU
CHOCOLATES

CAU
CHOCOLATES
CAU
CHOCOLATES

CAU
CHOCOLATES
CAU
CHOCOLATES

CAU
CHOCOLATES

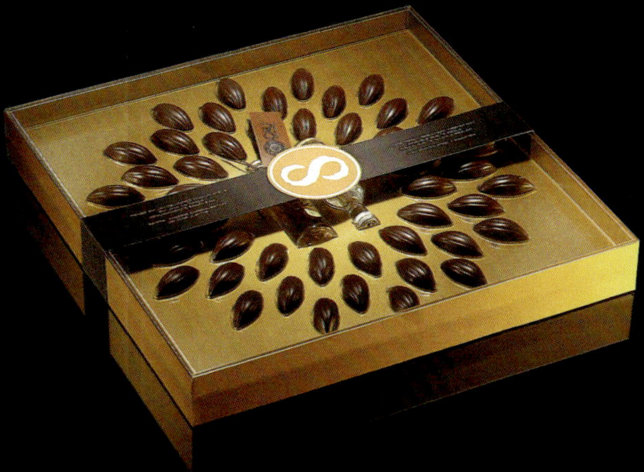

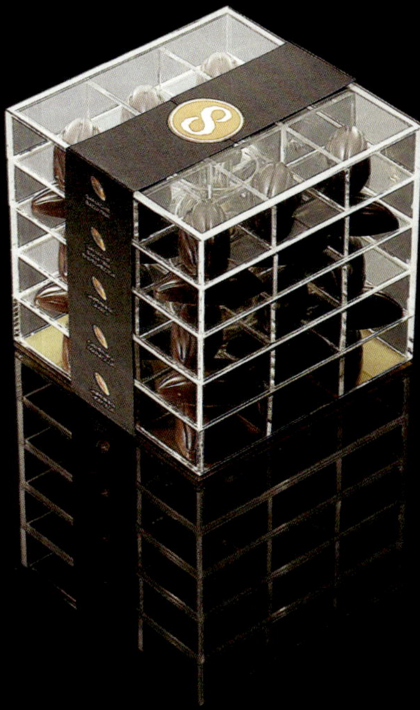

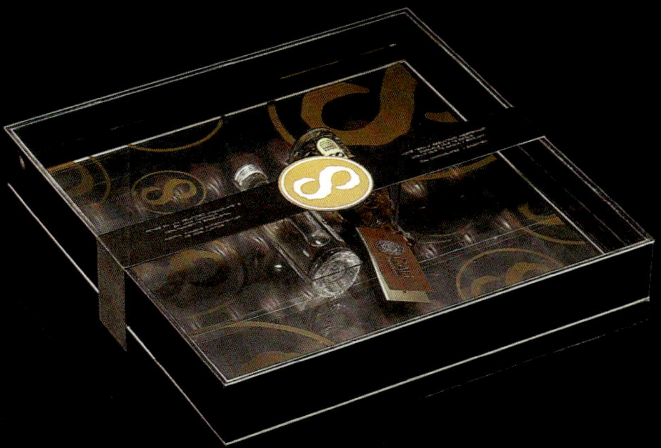

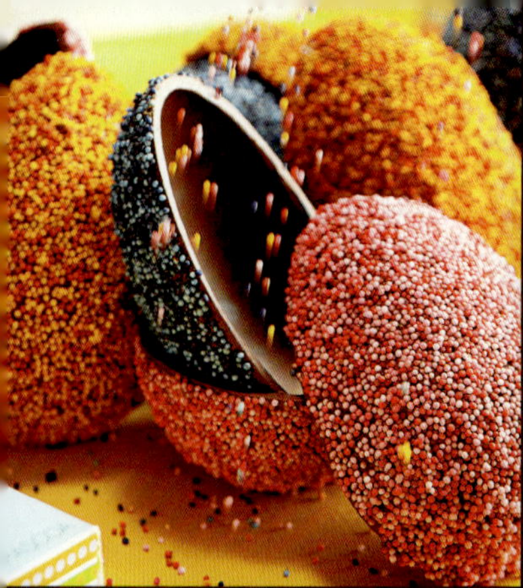

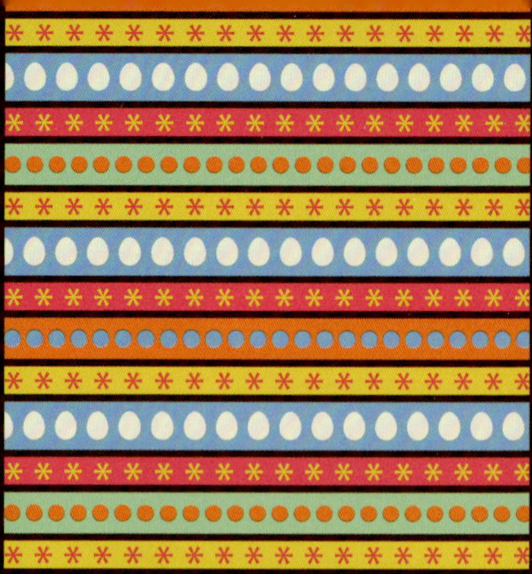

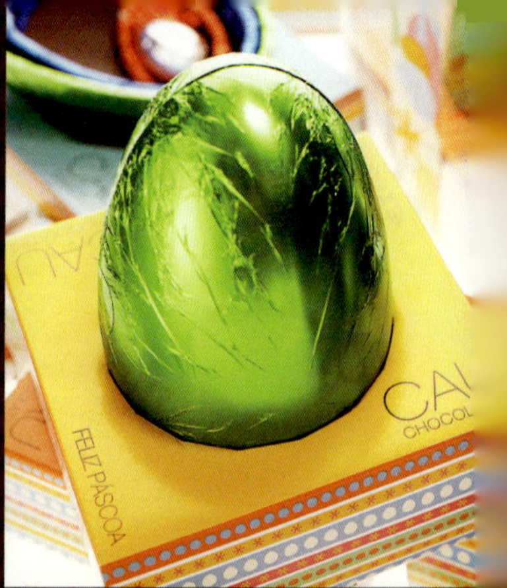
FELIZ PÁSCOA
CAU

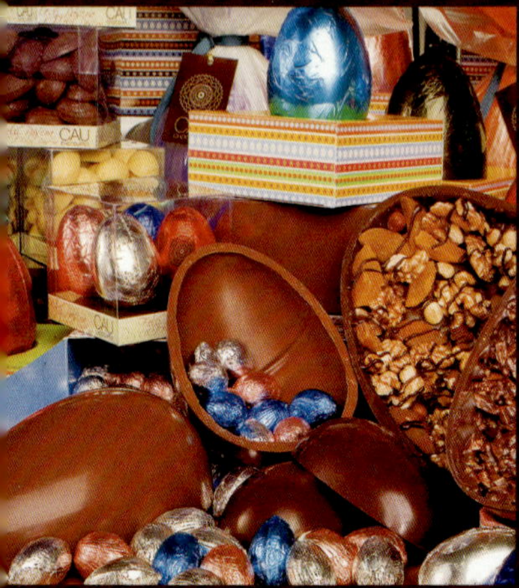

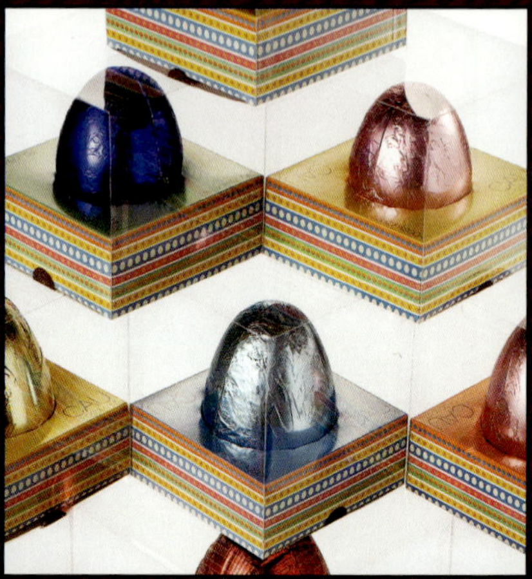

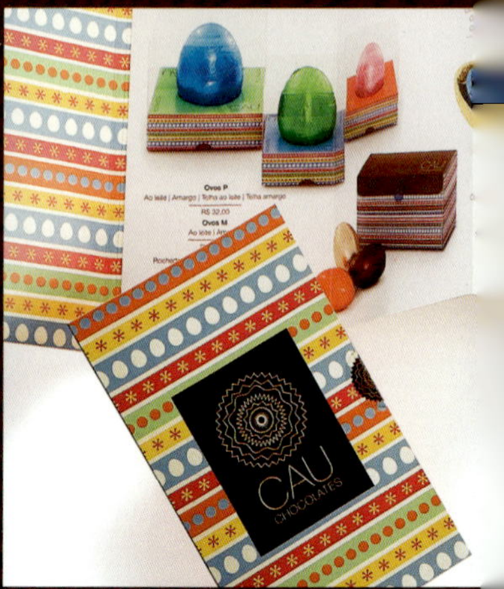
CAU
CHOCOLATES

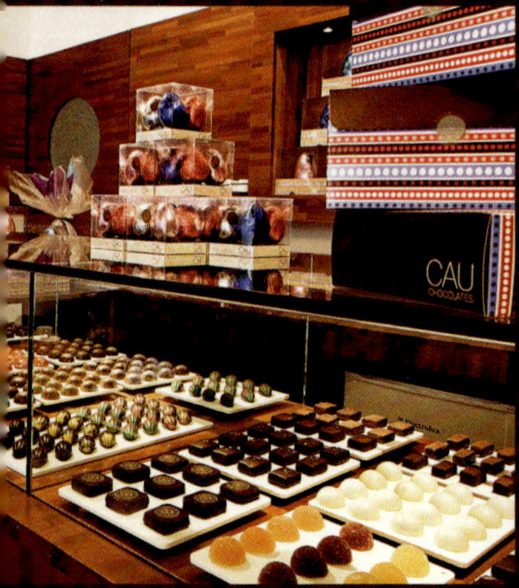
CAU
CHOCOLATES

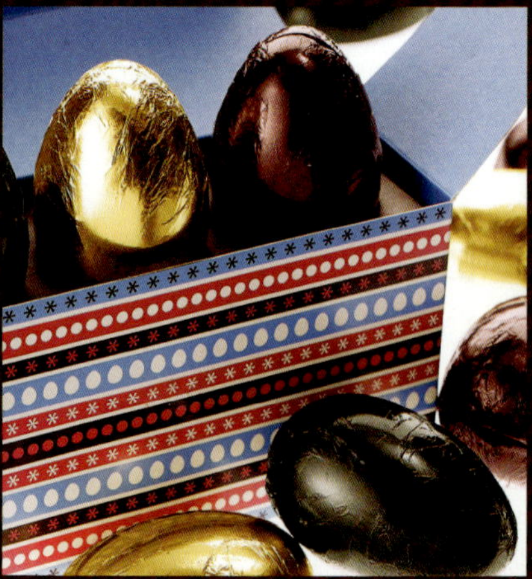

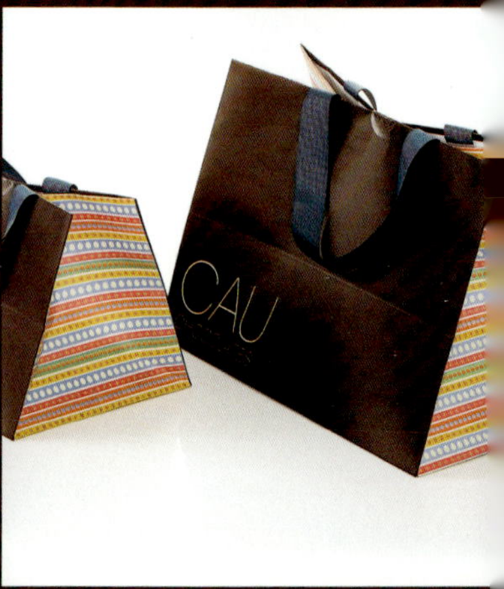
CAU

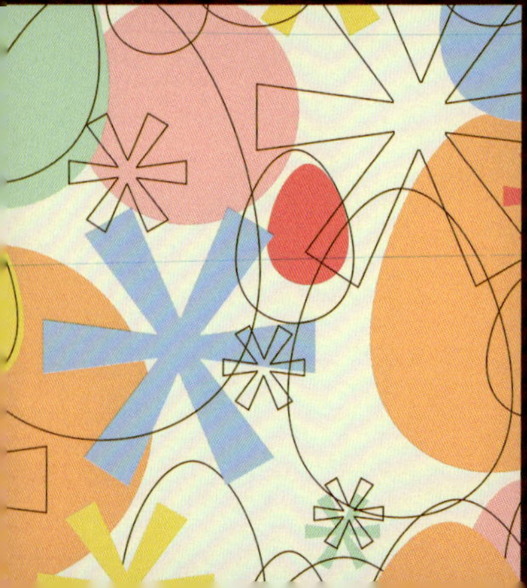

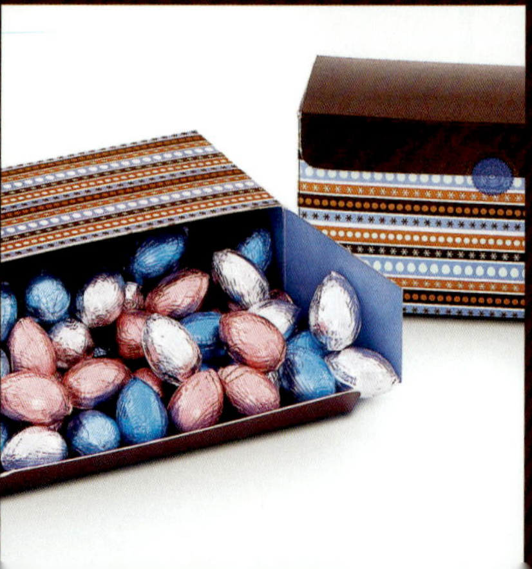

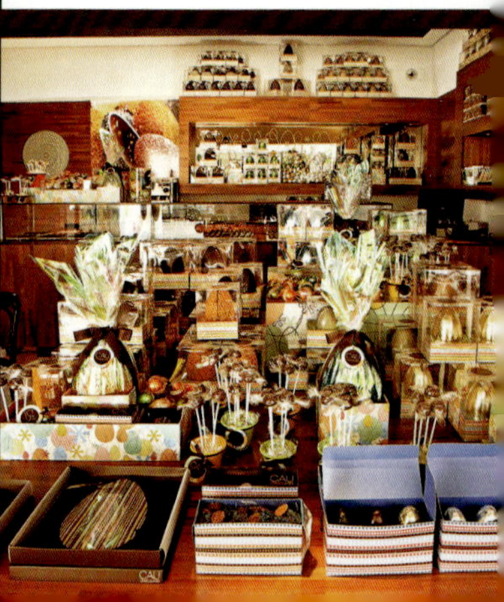

CAU
CHOCOLATES
CAU
CHOCOLATES
páscoa
páscoa
páscoa
páscoa
páscoa
páscoa

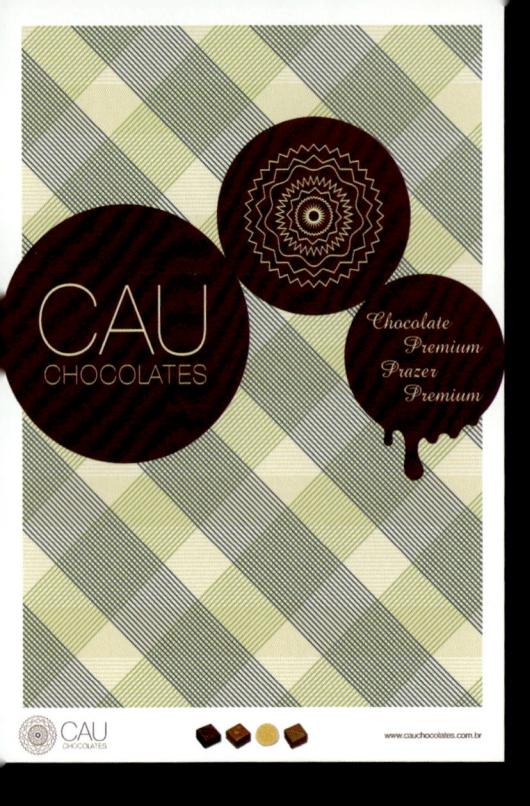

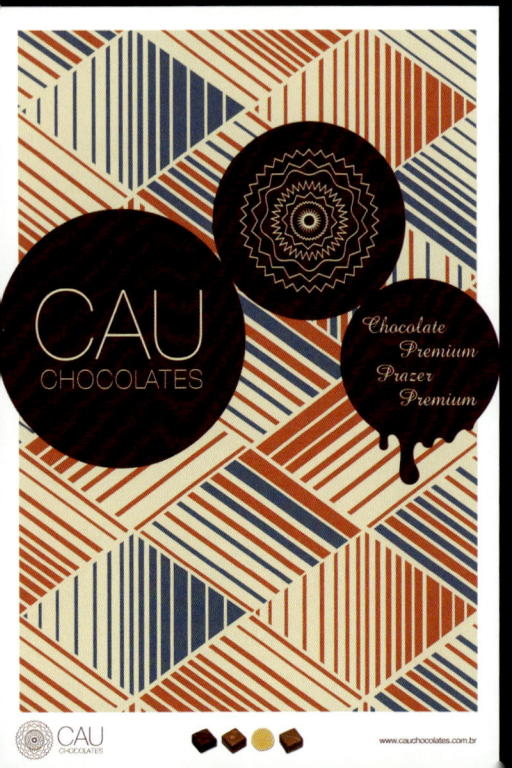

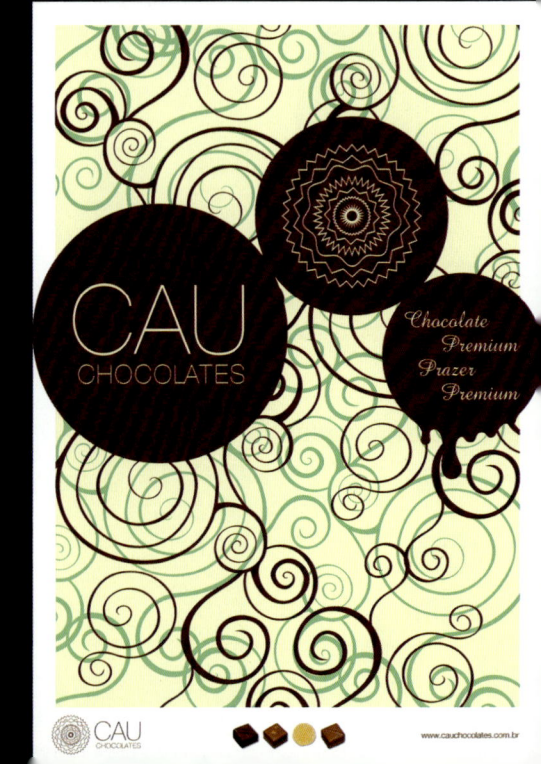

CAU
CHOCOLATES

Chocolate Premium Prazer Premium

www.cauchocolates.com.br

CAU
CHOCOLATES
Chocolate Premium
Prazer Premium
CAU
CHOCOLATES
www.cauchocolates.com.br

sao
restaurante

sao
restaurante

sao
restaurante

sao
restaurante

sao
restaurante

2006

Cliente: SAO | Restaurante

Projeto: Identidade e comunicação visual. Na próxima página, estudos não aprovados da identidade visual para o restaurante SAO.

SAO
cozinha saborosa de origem italiana

SAO
cozinha saborosa de origem italiana

SAO
cozinha saborosa de origem italiana

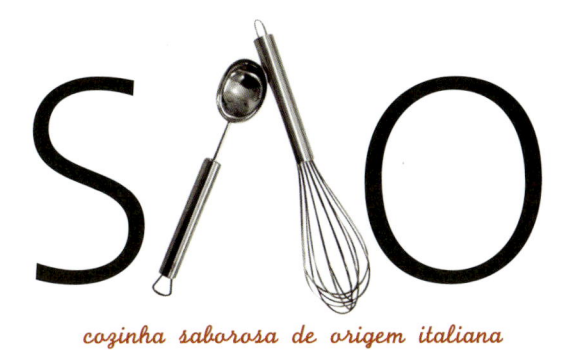

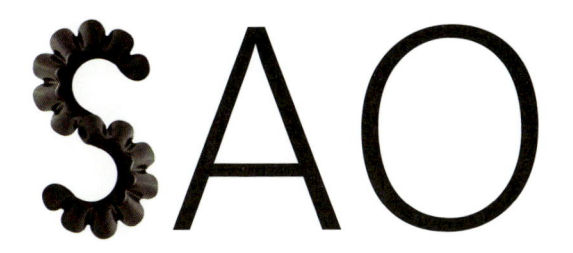

SAO
cozinha saborosa de origem italiana

SAO
cozinha saborosa de origem italiana

SAO
cozinha saborosa de origem italiana

2006

Cliente: Berliner | Multimarca feminina e masculina

Projeto: Identidade visual, design de embalagens, comunicação visual e material promocional. Projeto desenvolvido em parceria com a consultora de estilo Helena Montanarini e fotos de Beto Rignik e Cesar Cury.

Berliner
Berliner
Berliner
Berliner
Berliner
Berliner
Berliner
Berliner
Berliner
Berliner
Berliner
Berliner
Berliner
Berliner
Berliner

Berliner
SEGUNDA A SEXTA 10H ÀS 20H
SÁBADO 10H ÀS 16H
Berliner
Berliner
Berliner
Berliner
Berliner
RUA AUGUSTA 2845 S/L CERQUEIRA CÉSAR 01413-100 SÃO PAULO SP BRASIL TEL (55 11) 3085 0906

MAGAZINE

2006

Cliente: *A Magazine* | Revista Premium

Projeto: Design de logotipo.

MAGAZINE
MAGAZINE
MAGAZINE
MAGAZINE
MAGAZINE
MAGAZINE
MAGAZINE
MAGAZINE
MAGAZINE

AQUIM   AQUIM

2006

Cliente: Aquim | Gastronomia

Projeto: Identidade visual para família de embalagens de produtos e comunicação visual de ponto de venda. O projeto arquitetônico das lojas foi desenvolvido por Rogério Ribas, Rodrigo Barbosa e consultoria de estilo de Carlos Pazetto.

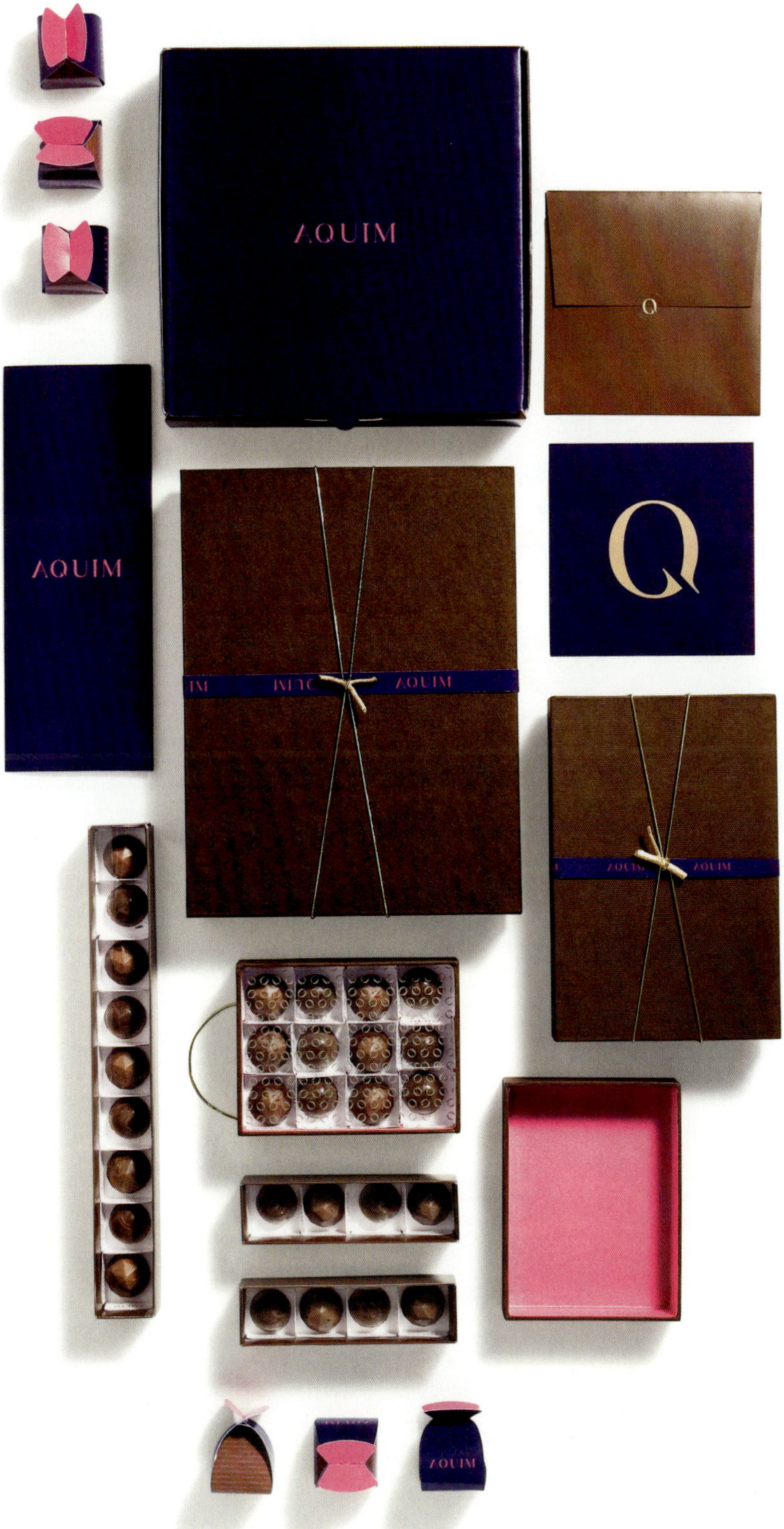
AQUIM
Q
AQUIM
Q
AQUIM
AQUIM
AQUIM

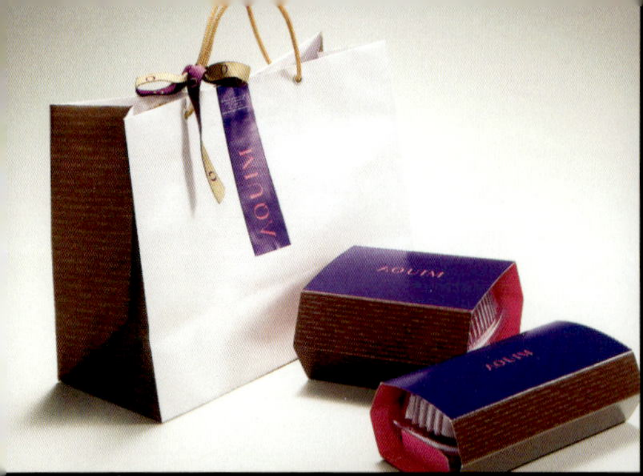
AQUIM
AQUIM
AQUIM

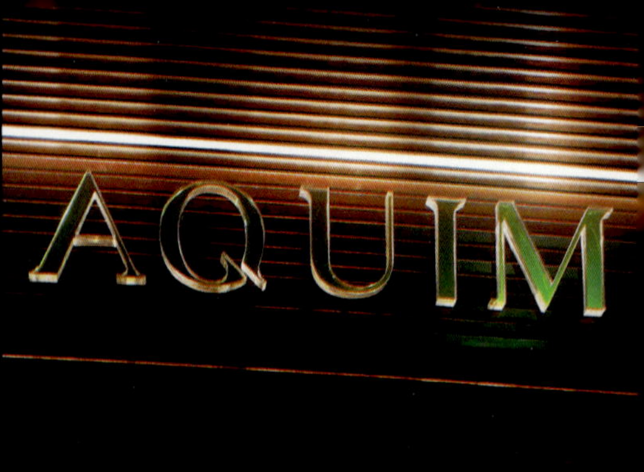
AQUIM

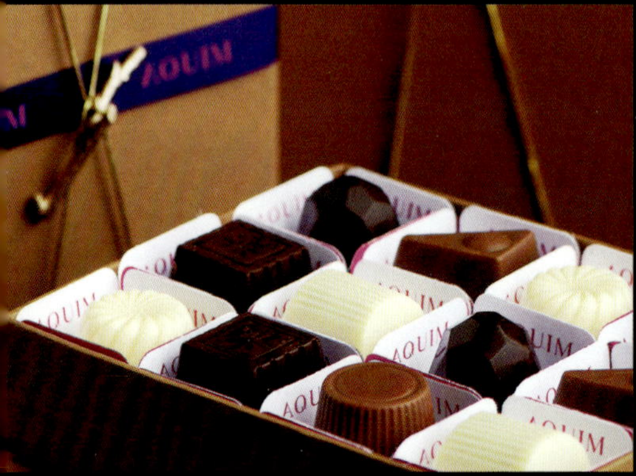
AQUIM

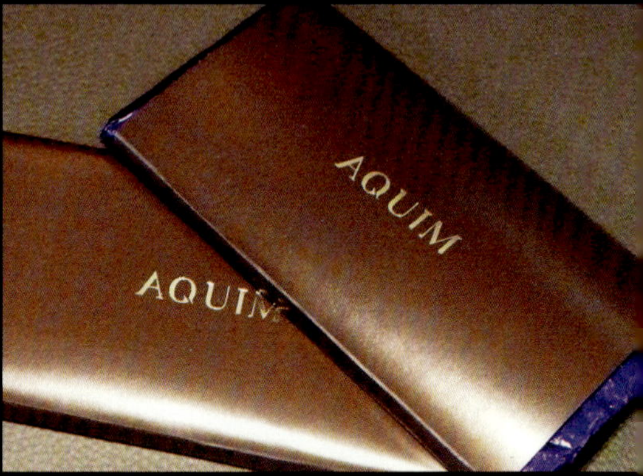
AQUIM
AQUIM

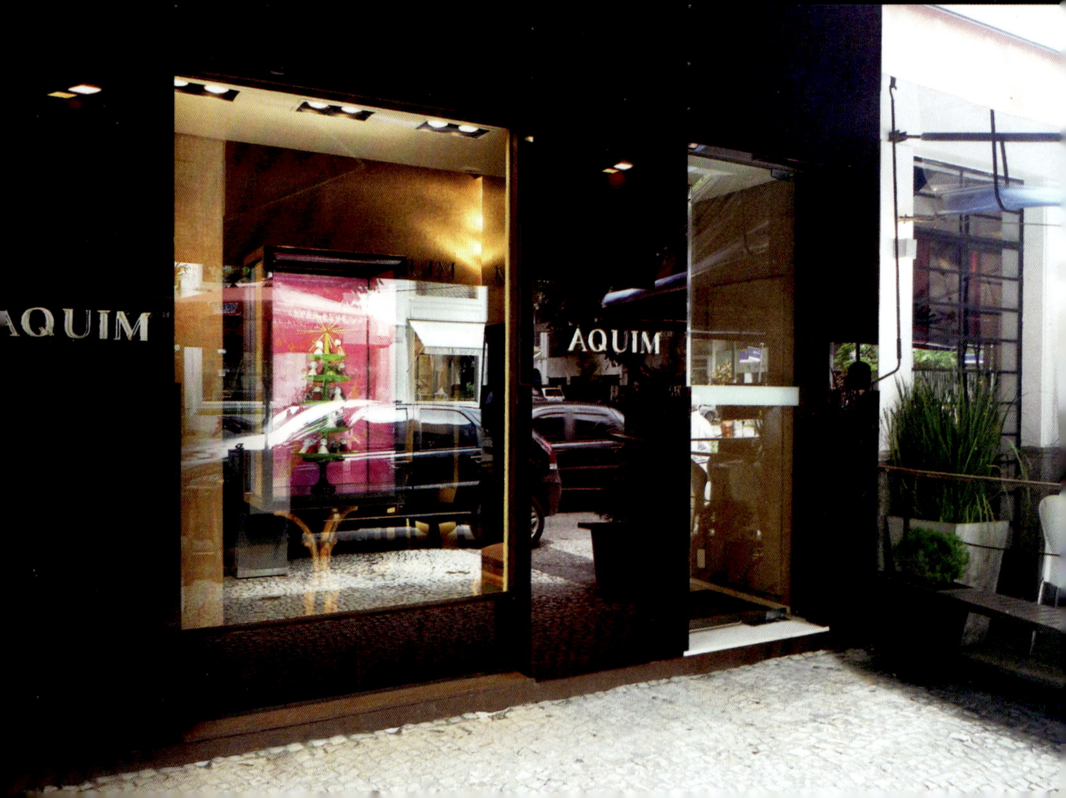
AQUIM
AQUIM

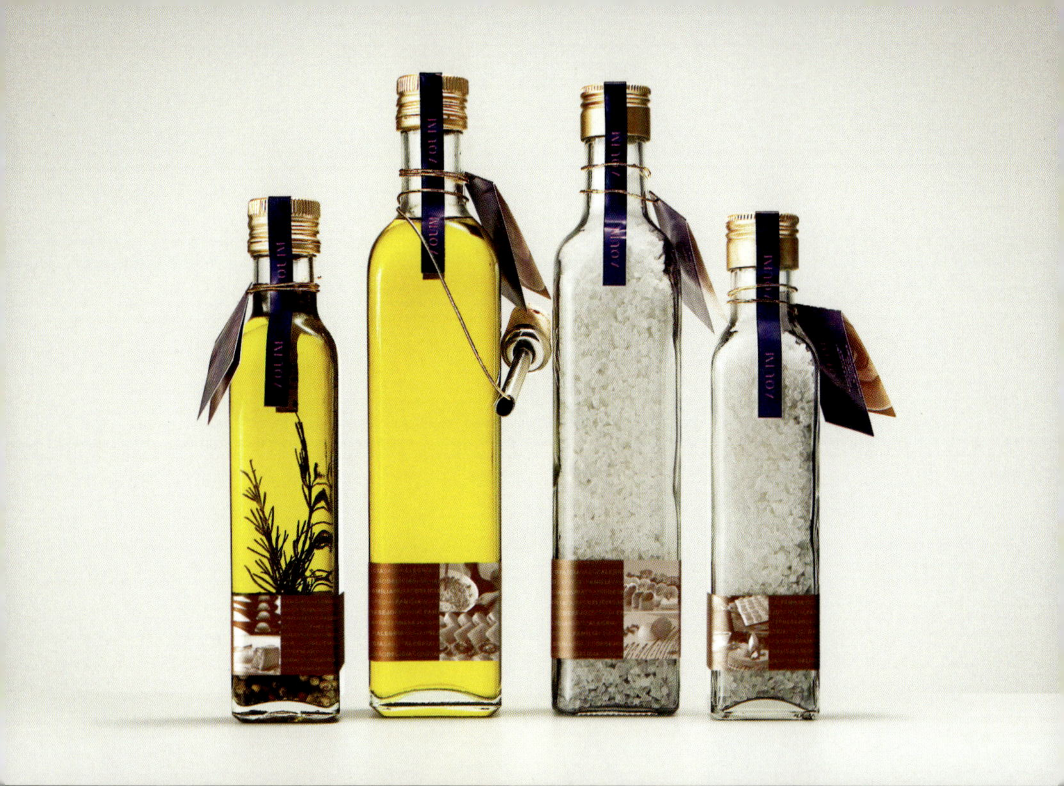

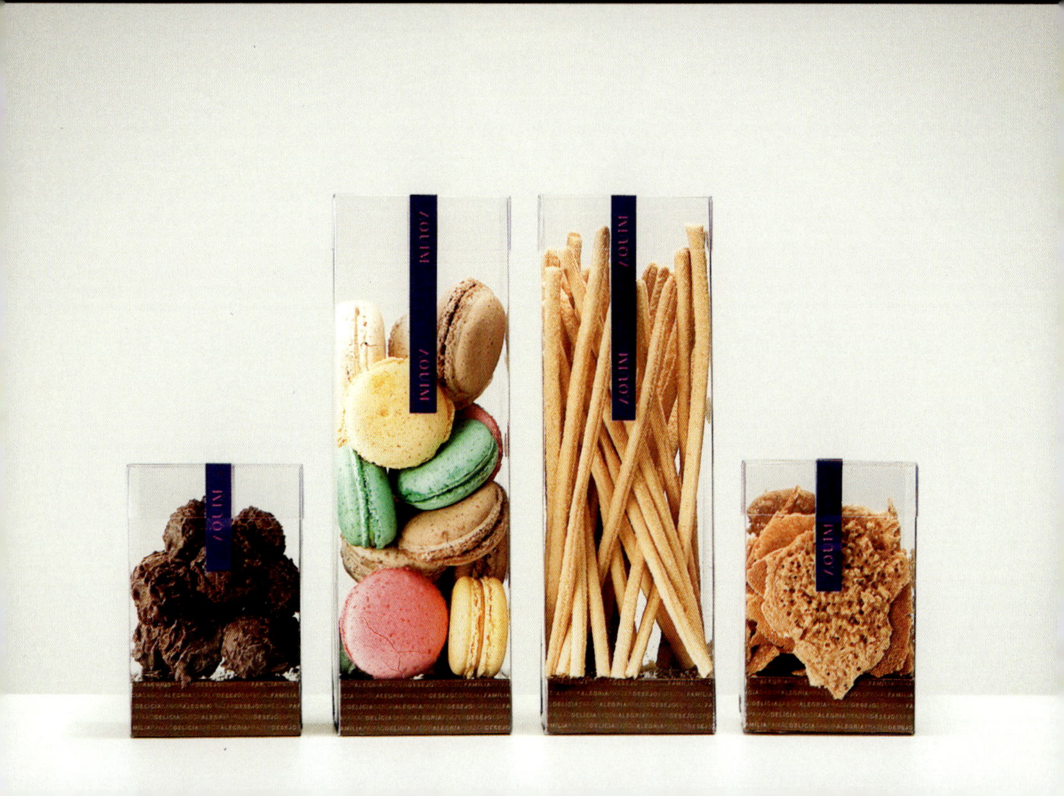

2006

Cliente: Interfood | Absolut Vodka

Projeto: Design para material promocional da plataforma Absolut Mixology. Fotos de Cesar Cury.

ABSOLUT MIXOLOGY

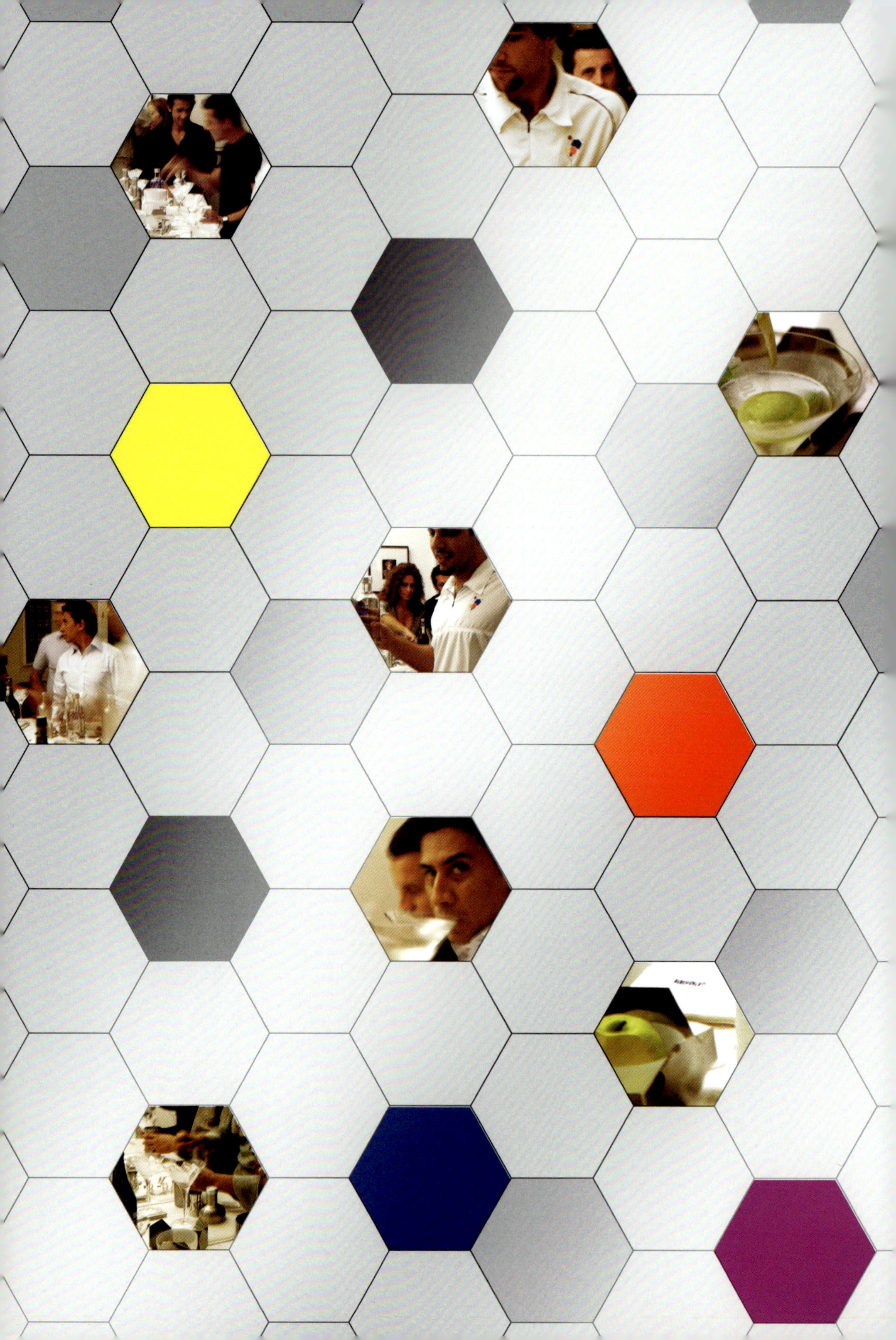

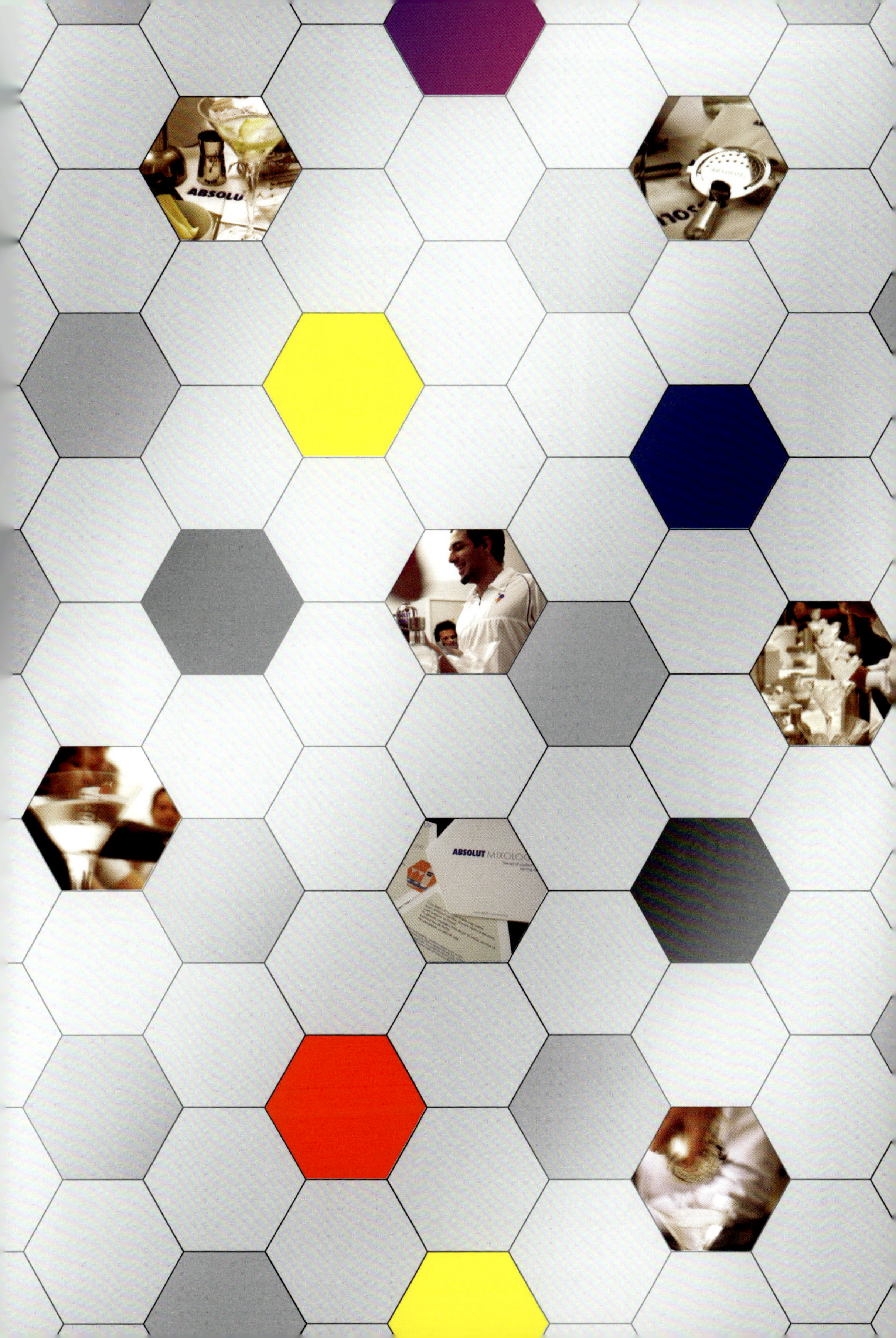
ABSOLUT

ABSOLUT MIXOLOGY

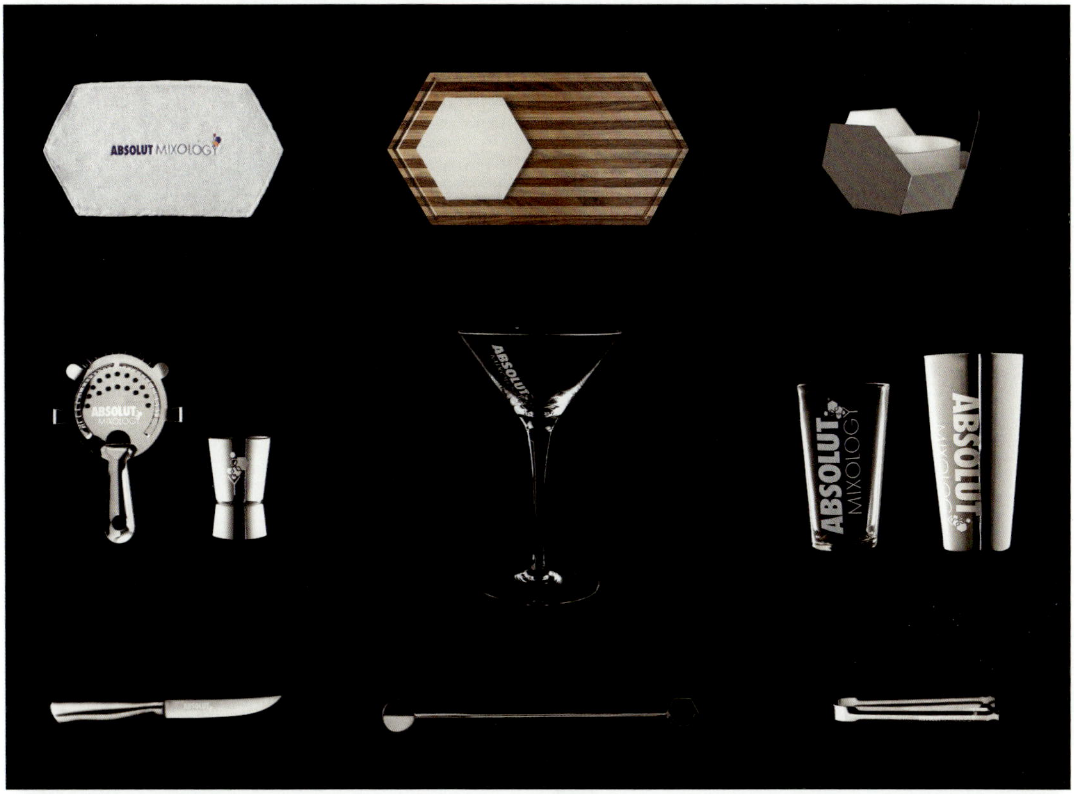
ABSOLUT MIXOLOGY
ABSOLUT
MIXOLOGY
ABSOLUT
MIXOLOGY
ABSOLUT
MIXOLOGY

ABSOLUT MIXOLOGY

PASCHOAL
AMBROSIO
ESTOFADOS SOB MEDIDA DESDE 1947
Rua Major Diogo 745 |
01324-001 Bela Vista
São Paulo SP Brasil
Tel: (55 11) 3105 6639 |

2006

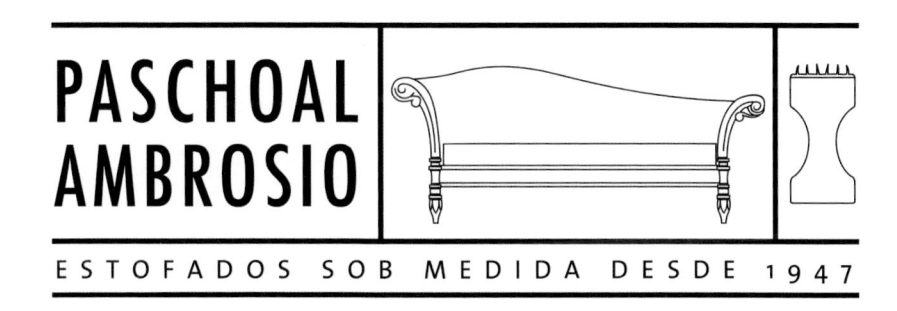

Cliente: Paschoal Ambrósio | Estofados

Projeto: Identidade visual.

2006

Cliente: Francesca Romana | Acessórios femininos

Projeto: Design de catálogo e identidade visual. Fotos de Gui Paganini, styling de Davi Ramos e Flávia Pommianosky.

163

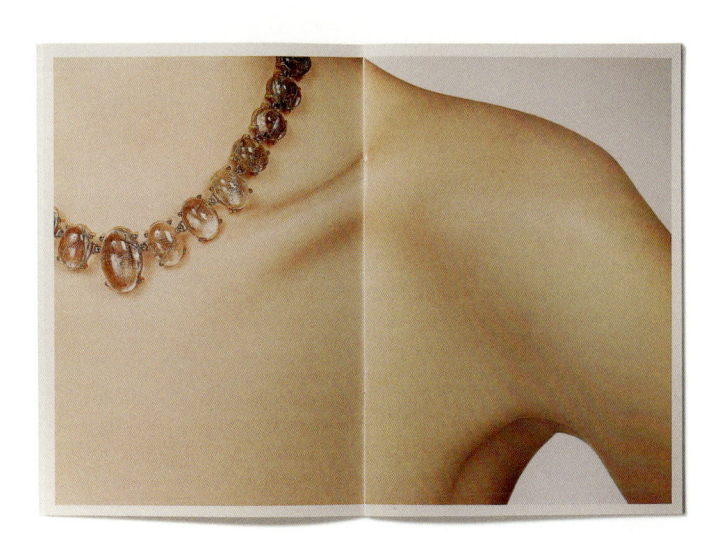

FRANCESCA ROMANA

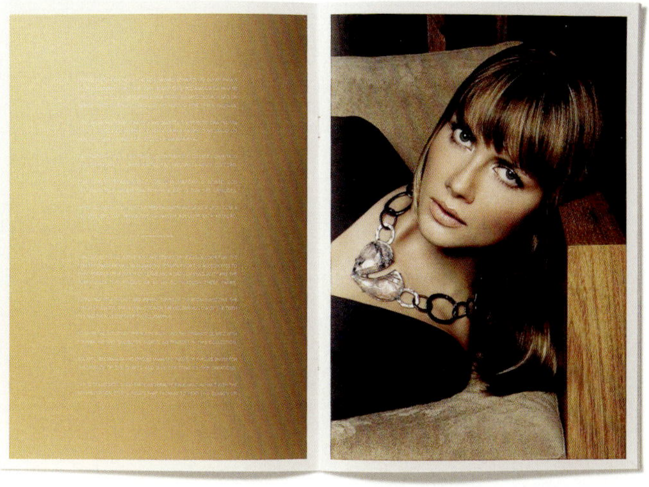

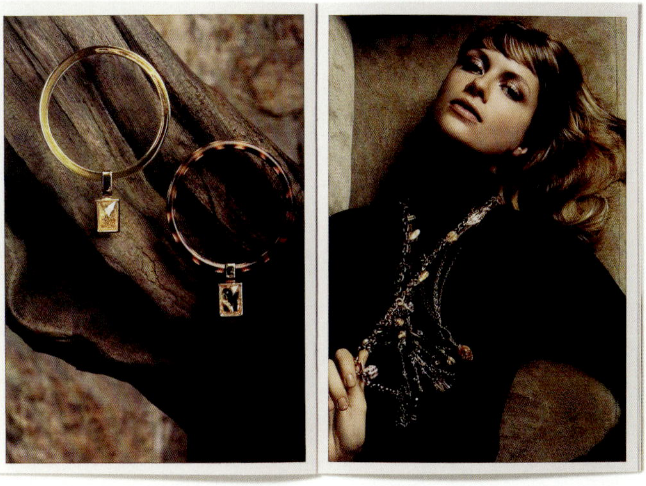

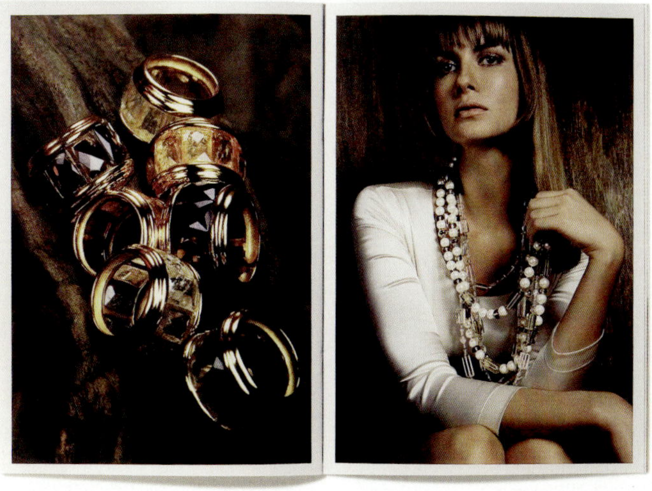

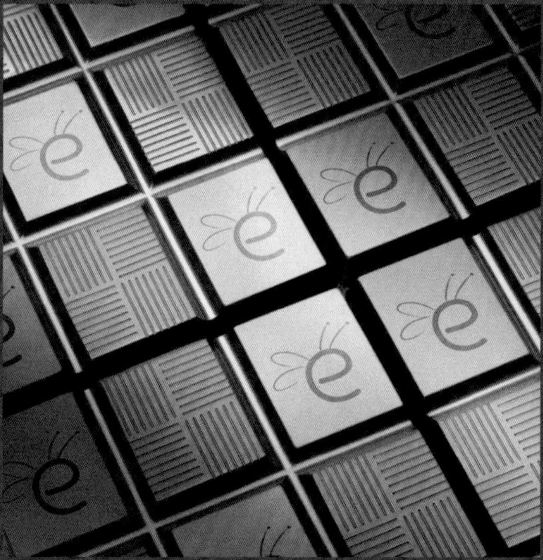

busy bee
CHOCOLATES

2006

Cliente: Busy Bee | Chocolates

Projeto: Estudo para identidade visual.

2005

Cliente: Grupo LVMH | Chandon Brasil

Projeto: Estudo de embalagem promocional para Baby Chandon.

BABY

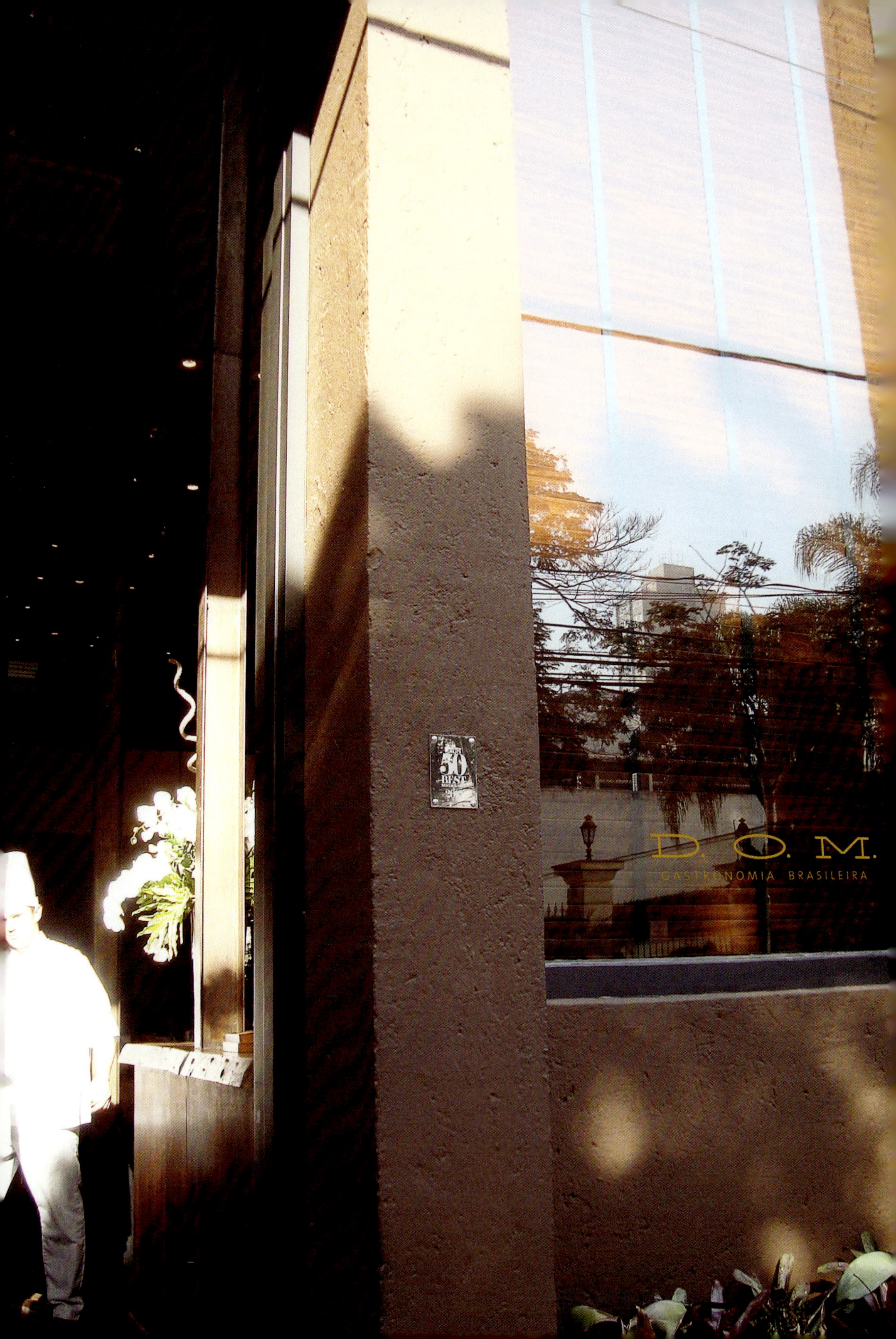
D. O. M.
GASTRONOMIA BRASILEIRA

D. O. M.
GASTRONOMIA BRASILEIRA

2005

Cliente: D.O.M. | Gastronomia brasileira

Projeto: Redesenho e normatização da identidade visual do restaurante D.O.M., do chef Alex Atala.

D.O.M.
GASTRONOMIA BRASILEIRA
Rua Barão de Capanema 549 São Paulo SP
Tel. 55 11 3088 0761 | www.domrestaurante.com.br

173

2004

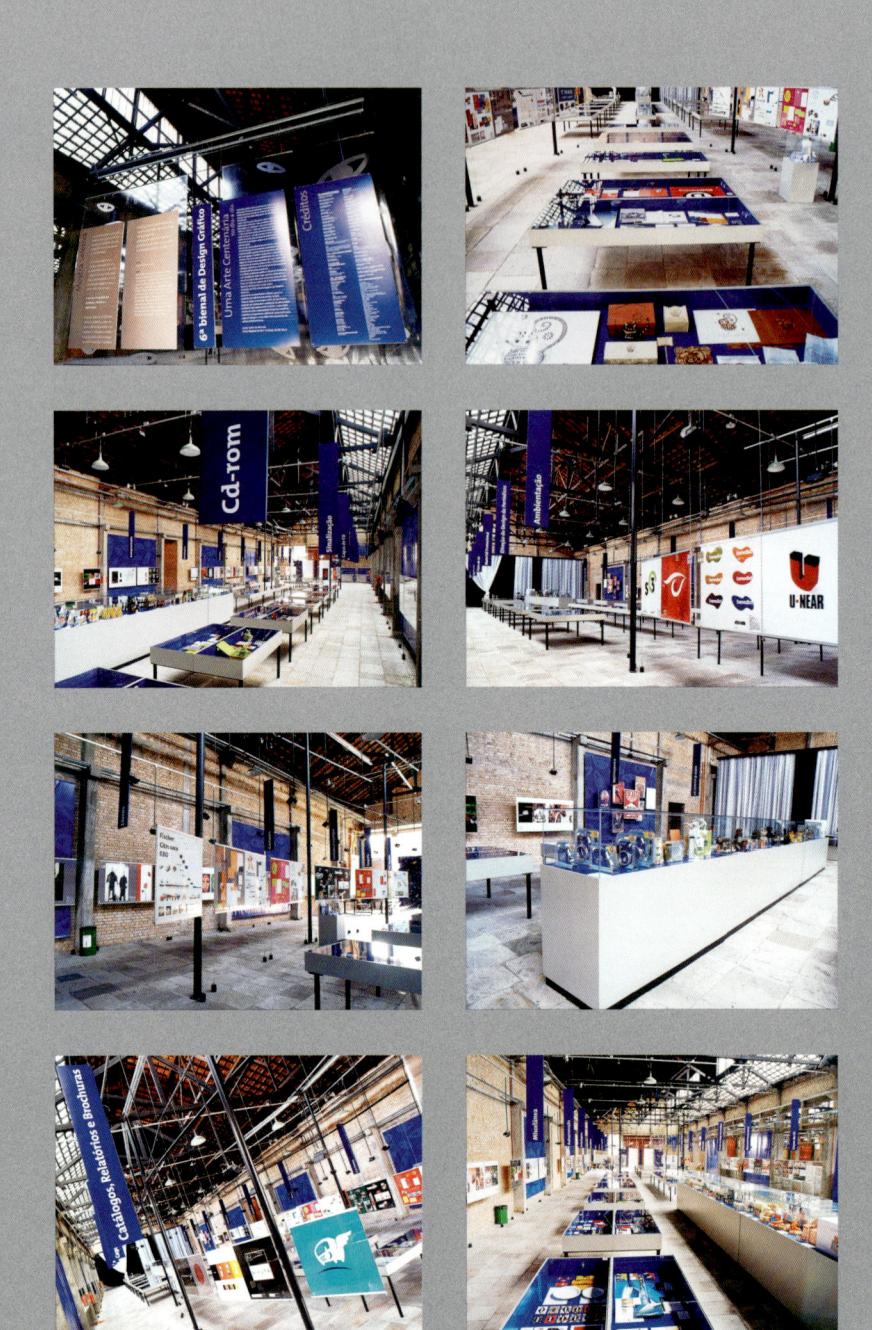

Cliente: ADG | 6ª Bienal de Design Gráfico

Projeto: Projeto expositivo para a 6ª Bienal de Design Gráfico no SESC Fábrica da Pompeia. Projeto desenvolvido na Brandgroup Strategic Design.

mostra seletiva

6ª bienal de design gráfico

sinalização

cd-rom

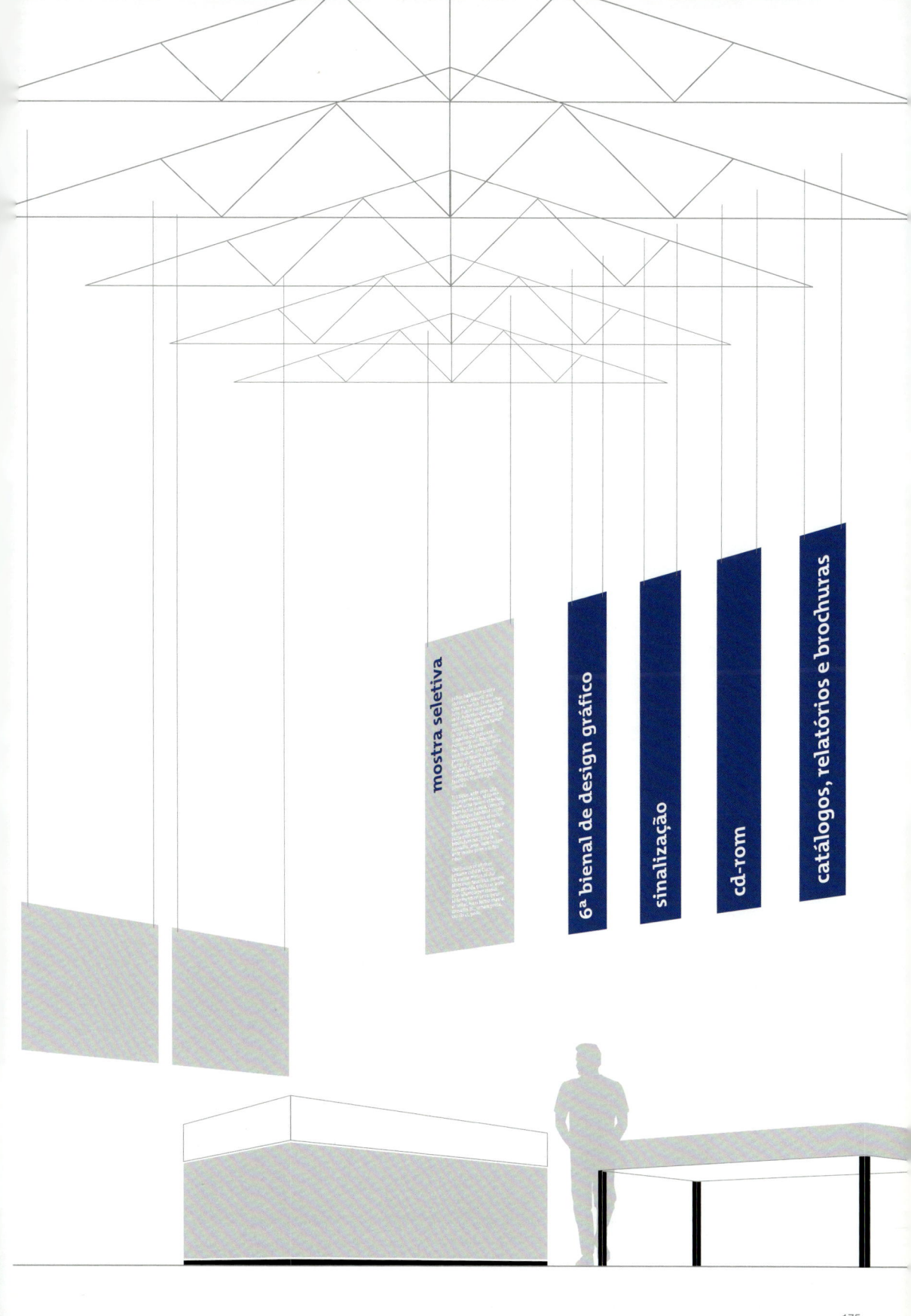

catálogos, relatórios e brochuras

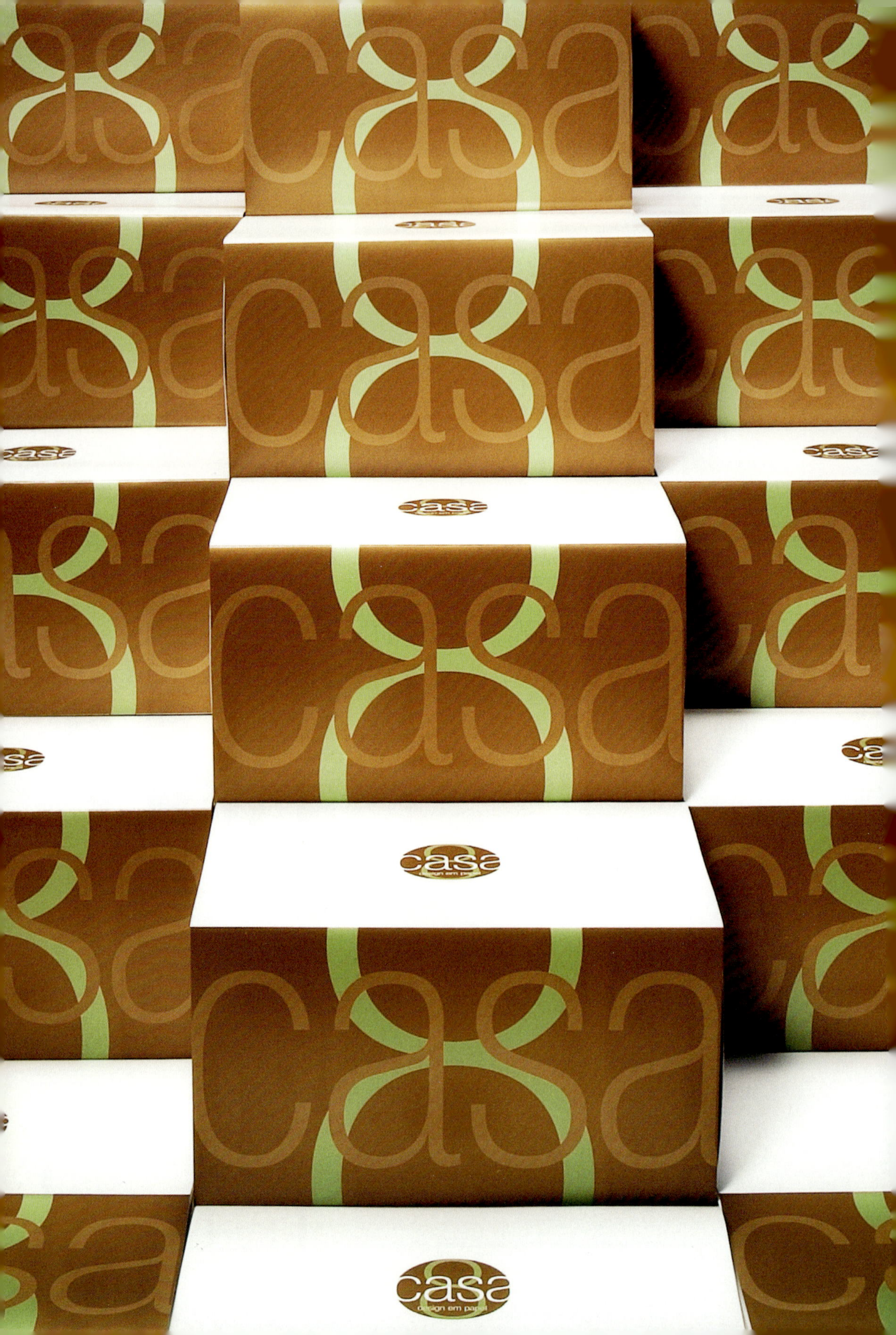
casa
casa
design em papel

2006

Cliente: Casa 8 | Papelaria

Projeto: Identidade visual e design de embalagem.

2004

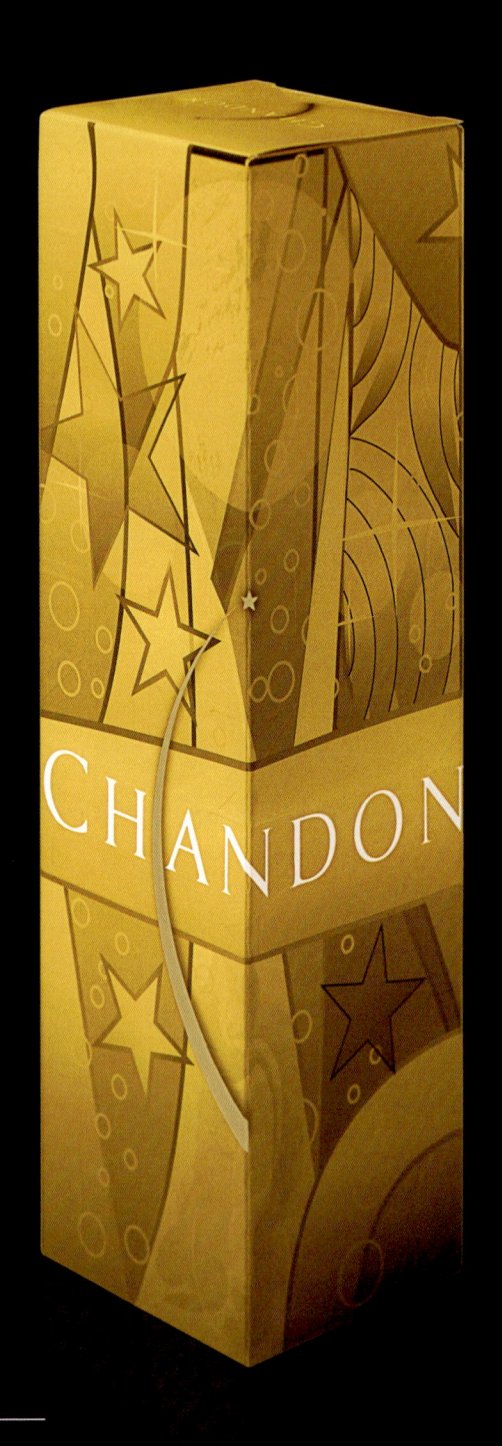

Cliente: Grupo LVMH | Chandon Brasil

Projeto: Design de embalagem promocional para o Natal. Ilustração de Caio Borges.

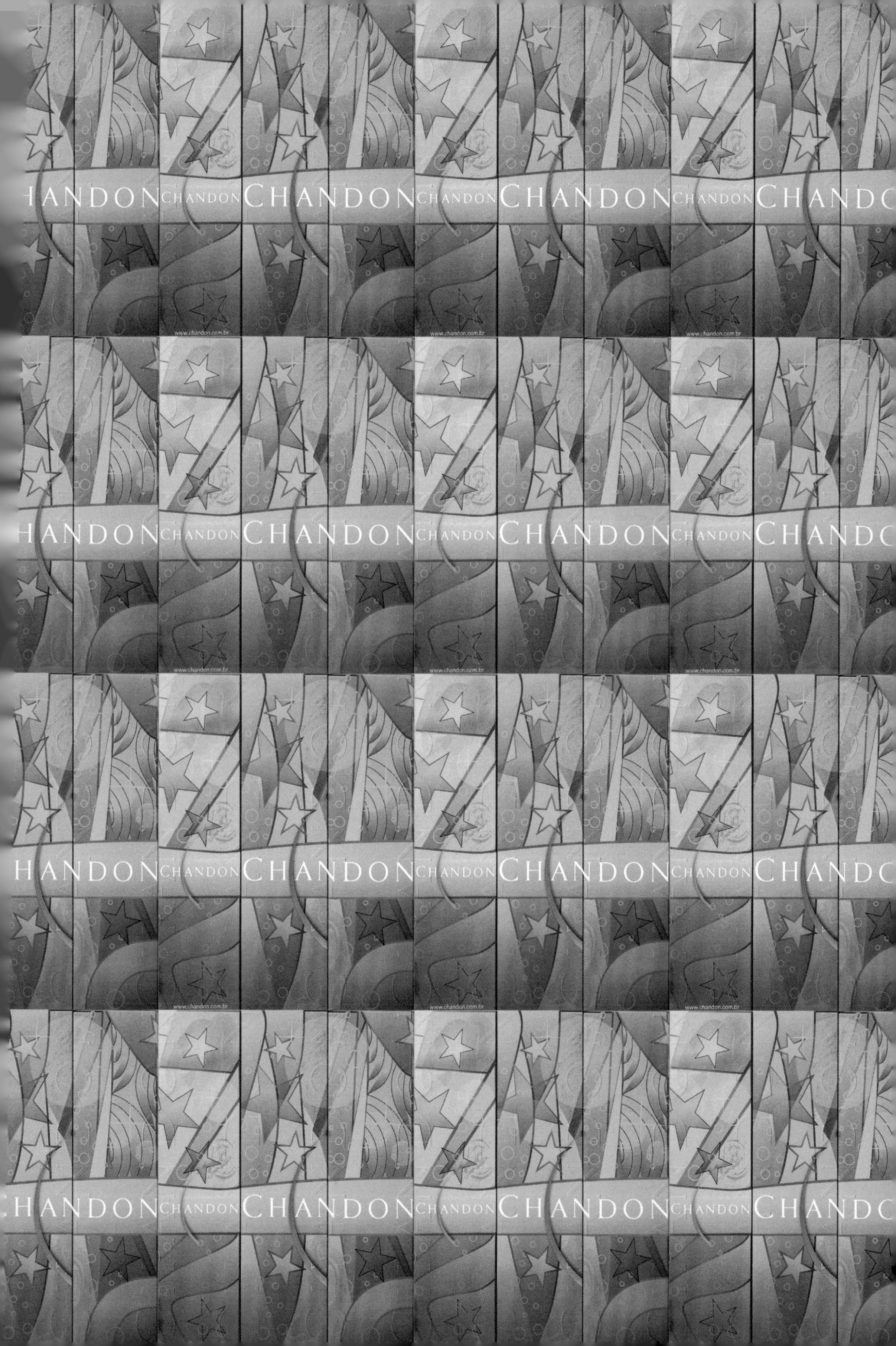
CHANDON
www.chandon.com.br

2000

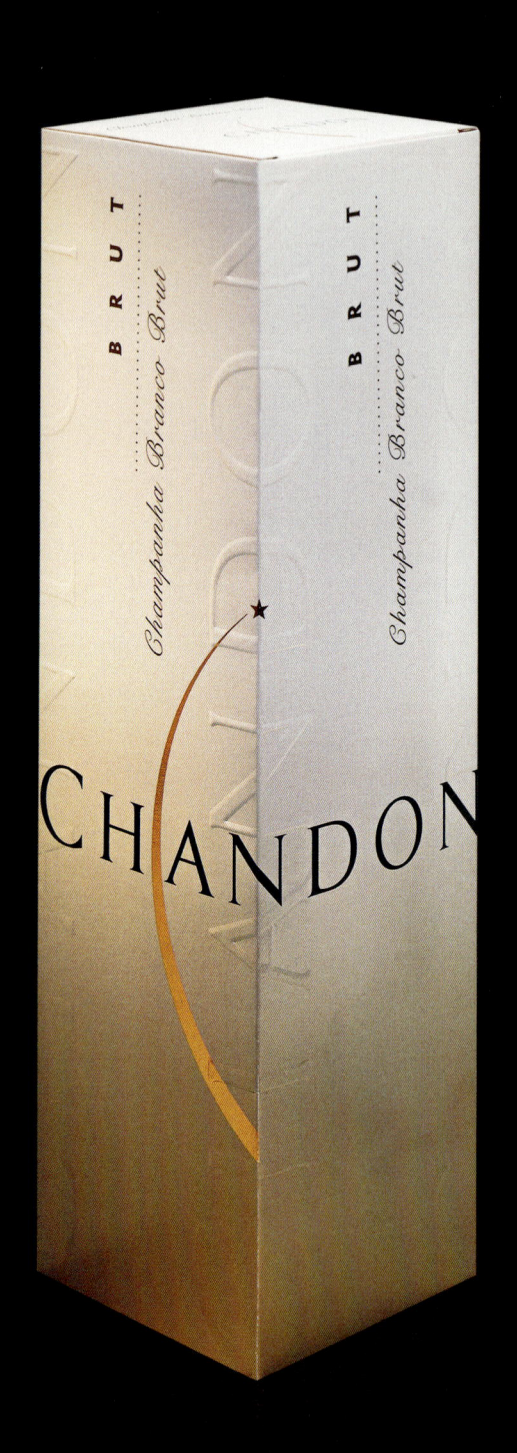

Cliente: Grupo LVMH | Chandon Brasil

Projeto: Estudo para embalagem.

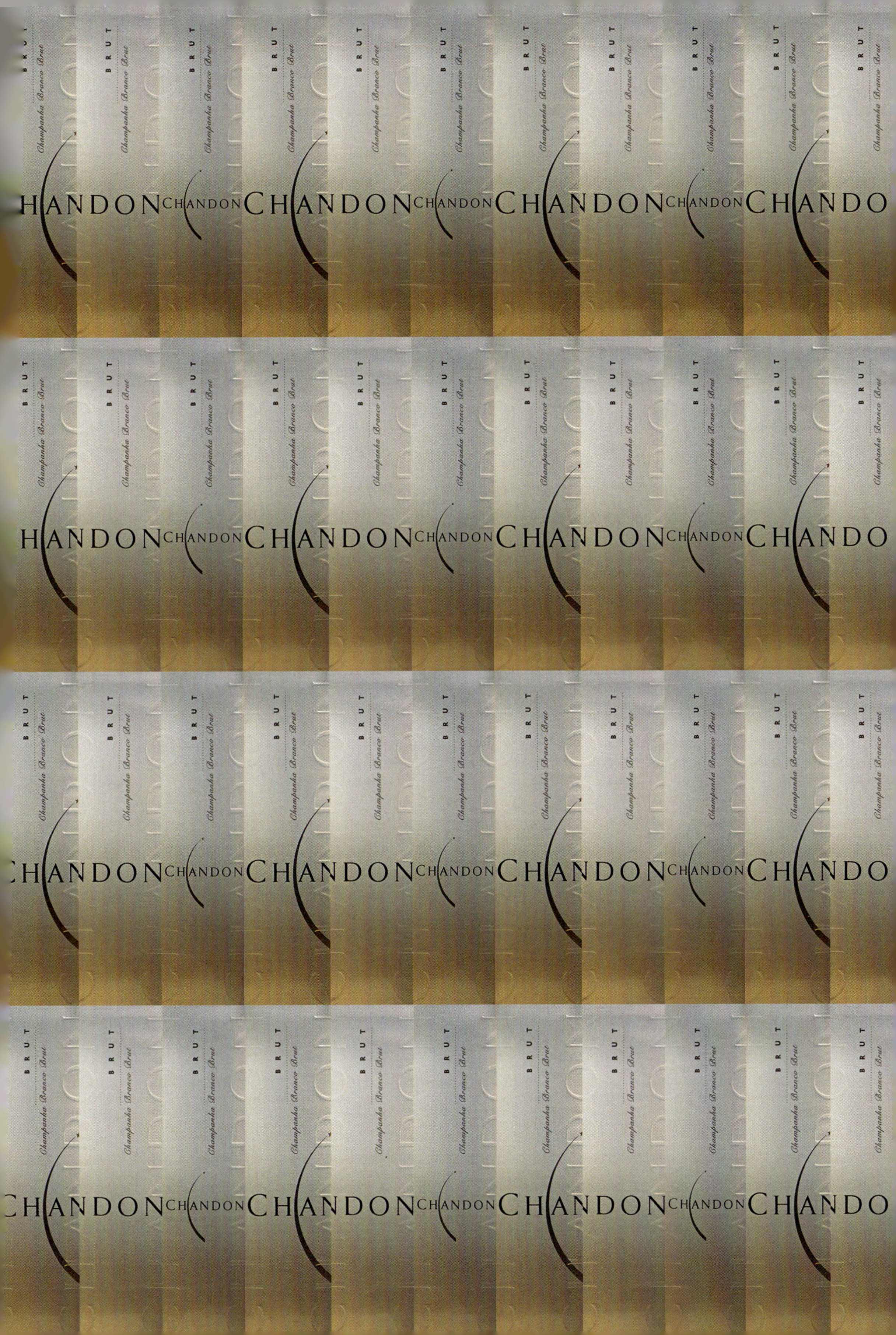
CHANDON
BRUT
Champanha Branco Brut

Rio 2007

2003

Cliente: COB | Comitê Olímpico Brasileiro

Projeto: Proposta de identidade visual para os Jogos Panamericanos Rio 2007. Projeto selecionado entre os cinco melhores do Brasil e desenvolvido na Brandgroup Strategic Design.

Rede de Jornalistas pelo Desenvolvimento Humano

2002

Cliente: IAS | Instituto Ayrton Senna, Rede de Jornalistas pelo Desenvolvimento Humano

Projeto: Identidade visual.

Y|MAN
YACHTSMAN
SÃO PAULO | RIO DE JANEIRO | BELO HORIZONTE | BRASÍLIA | CURITIBA | LONDRINA | RECIFE
SHOW ROOM: 11 5096 3577 | WWW.YACHTSMAN.COM.BR

Y|MAN
YACHTSMAN
SÃO PAULO | RIO DE JANEIRO | BELO HORIZONTE | BRASÍLIA | CURITIBA | LONDRINA | RECIFE
SHOW ROOM: 11 5096 3577 | WWW.YACHTSMAN.COM.BR

Y|MAN
YACHTSMAN
SÃO PAULO | RIO DE JANEIRO | BELO HORIZONTE | BRASÍLIA | CURITIBA | LONDRINA | RECIFE
SHOW ROOM: 11 5096 3577 | WWW.YACHTSMAN.COM.BR

Y|MAN
YACHTSMAN

2003

Cliente: Yachtsman | Moda masculina

Projeto: Identidade visual e direção de arte da campanha verão 2004. Fotos de Gui Paganini, styling de Davi Ramos e Flávia Pommianosky.

JACARÉ
DO BRASIL

JACARÉ
DO BRASIL

SIMPLES

JACARÉ
DO BRASIL

JACARÉ
DO BRASIL

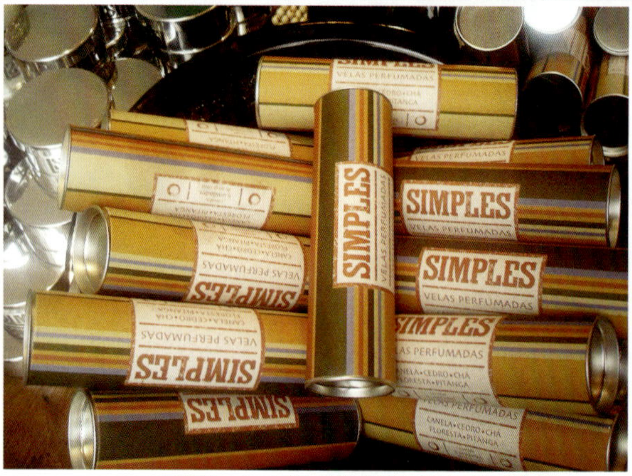
SIMPLES
VELAS PERFUMADAS
CANELA • CEDRO • CHÁ
FLORESTA • PITANGA

JACARÉ
DO BRASIL

SIMPLES
VELA PERFUMADA CEDRO
250 gr
SIMPLES
SABONETE LÍQUIDO
CEDRO
475 ml
SIMPLES
ACQUA CEDRO
VELAS PERFUMADAS

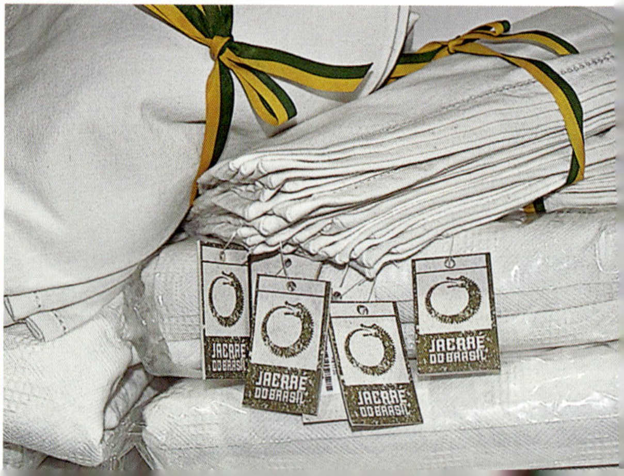
JACARÉ
DO BRASIL

JACARÉ DO BRASIL

2003

Cliente: Jacaré do Brasil | Móveis e complementos para casa

Projeto: Redesenho da identidade visual, design de embalagens e dos materiais de comunicação (o símbolo do jacaré já existia e demos um novo tratamento gráfico). Projeto desenvolvido na Brandgroup Strategic Design.

188

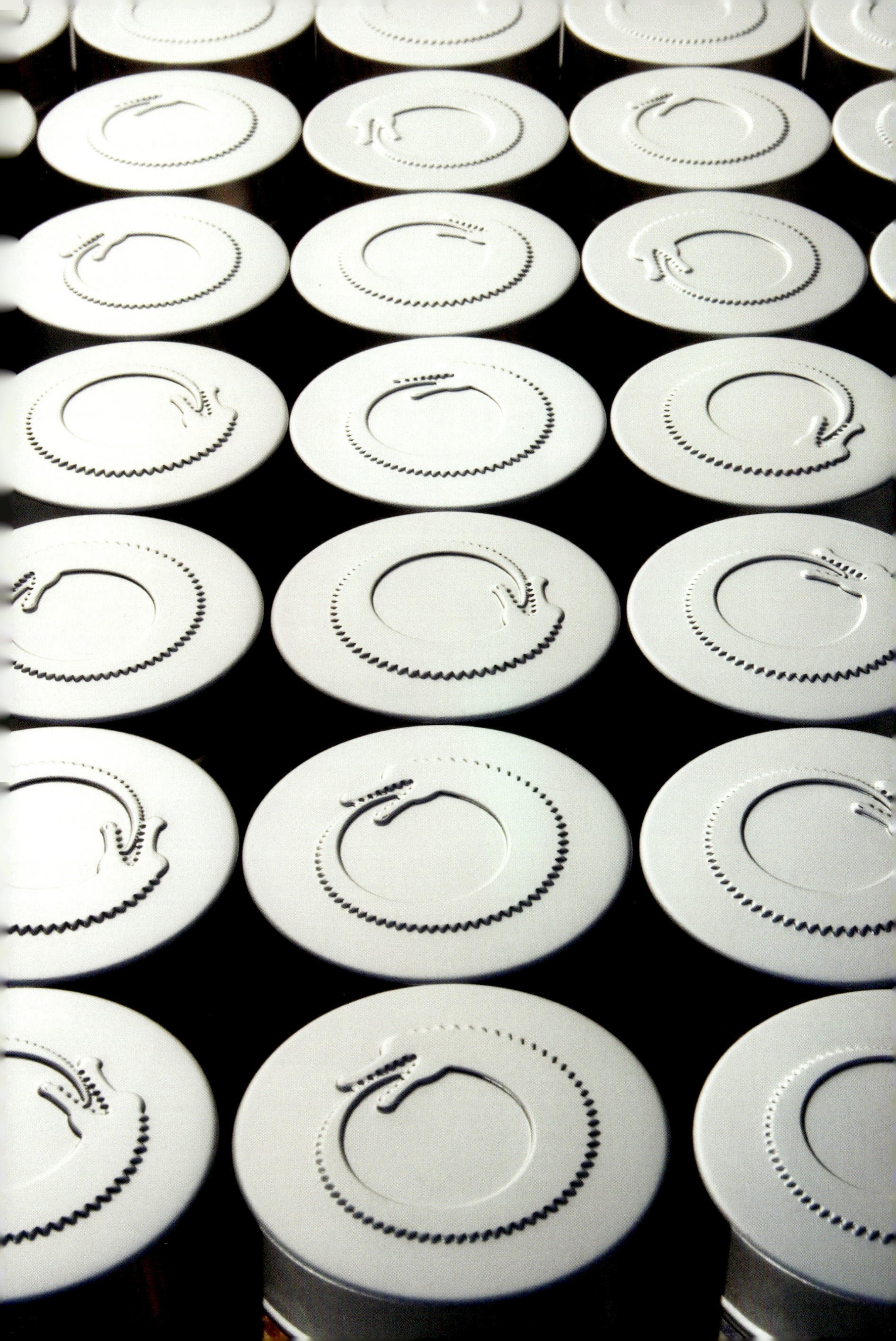

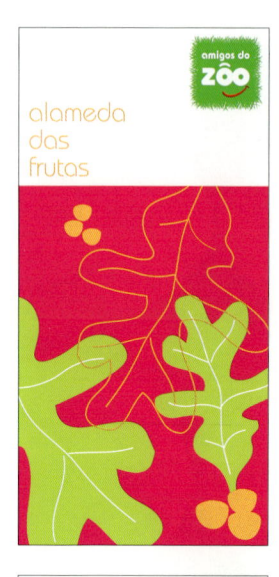

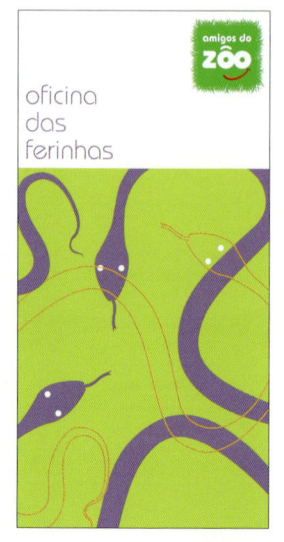

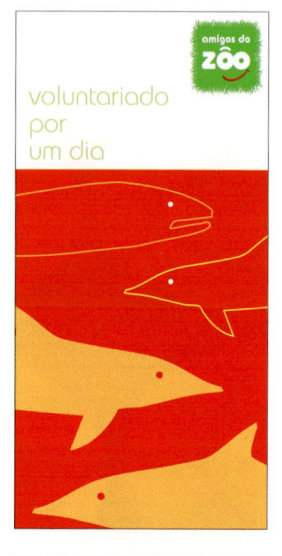

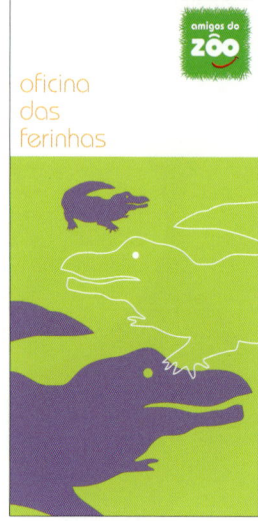

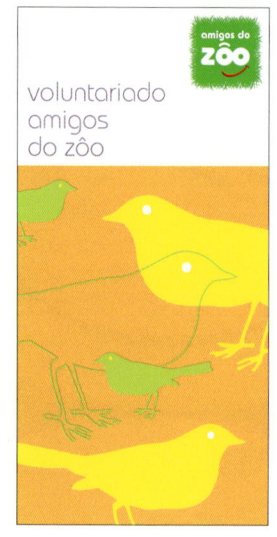

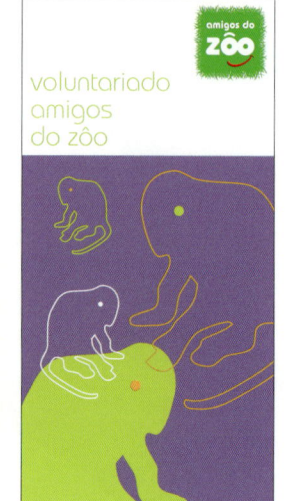

amigos do ZÔO alameda das frutas	**amigos do ZÔO** oficina das ferinhas	**amigos do ZÔO** voluntariado por um dia
amigos do ZÔO oficina das ferinhas	**amigos do ZÔO** voluntariado amigos do zôo	**amigos do ZÔO** voluntariado amigos do zôo

amigos do ZÔO

Quem preserva amigo é.

2003

Cliente: Zoológico de São Paulo

Projeto: Identidade visual para o projeto Amigos do Zoo. Projeto desenvolvido na Brandgroup Strategic Design.

BESNI
Logotipo: Relação com Faixas e Cores Auxiliares
Quadrícula/Cores/Progressão
Imagens Digitais
Originais para reprodução
Originais para reprodução digitalizados
Manual de Identidade Visual Simplificado
Logotipo: Preto – e – Branco Positivo/Negativo
Logotipo: Assinatura Compacta 1/Cor/Preto – e – Branco Positivo
Logotipo: Assinatura Compacta 1/Quadrícula/Área de Não Interferência

2002

Cliente: Besni | Rede de lojas de vestuário feminino, masculino e infantil

Projeto: Identidade visual e sistema da sinalização. Projeto desenvolvido na Brandgroup Strategic Design em parceria com a designer Laura Corrêa.

TROPIVITA

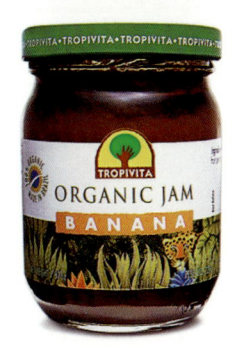

2001

Cliente: Tropivita | Produtos naturais e orgânicos

Projeto: Redesenho da identidade visual e design da família de embalagens. Projeto desenvolvido na Brandgroup Strategic Design.

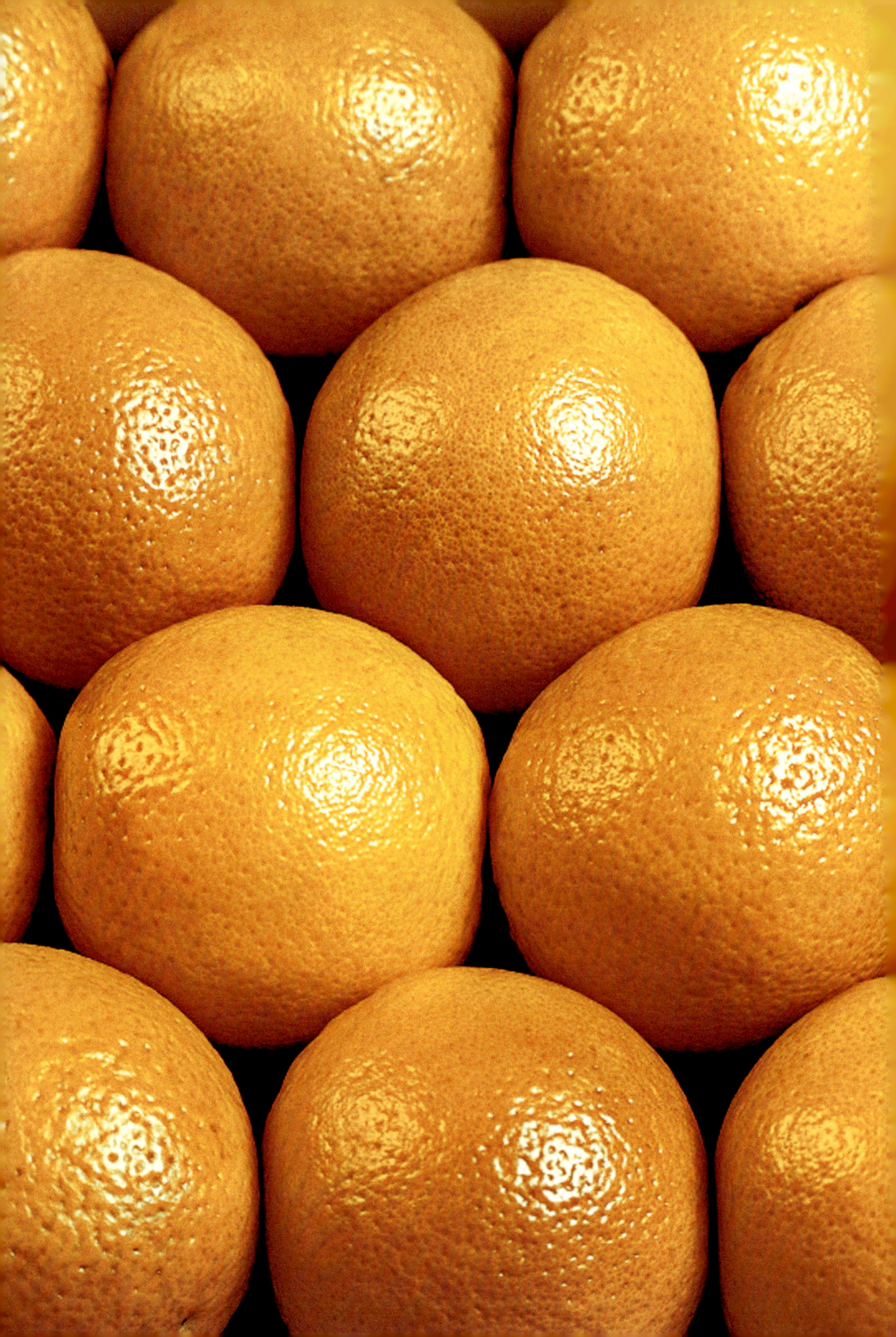

Grupo
Fischer

Citrosuco

CBO

Estaleiro
Aliança

2001

Cliente: Grupo Fischer | Agronegócios

Projeto: Programa de identidade corporativa, projeto gráfico para perfil empresarial e relatório social. Projeto desenvolvido na Brandgroup Strategic Design em parceria com o designer Bill Martinez. Site desenvolvido pela empresa WC Social. Prêmio Fernando Pini de Excelência Gráfica 2001 para o projeto do perfil empresarial.

Grupo Fischer tipografia corporativa
The Sans

AaBbCc0123

abcdefghijklmnopqrstuvwyz
ABCDEFGHIJKLMNOPQRSTUVWYZ
1234567890$%&@'*(,.;#!?/<>

Grupo
Fischer

Citrosuco

CBO

Estaleiro
Aliança

Citrosuco

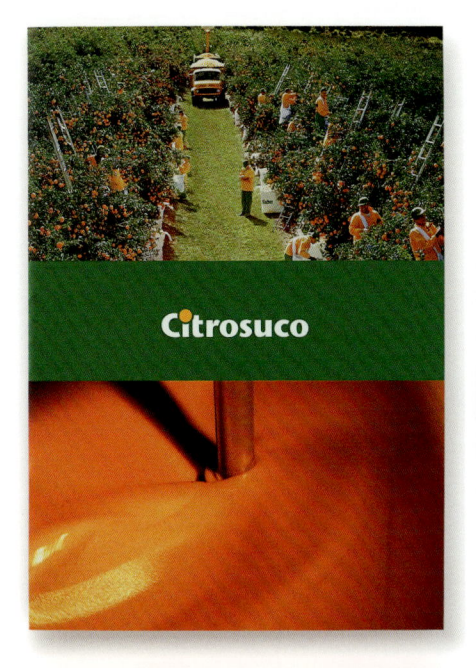

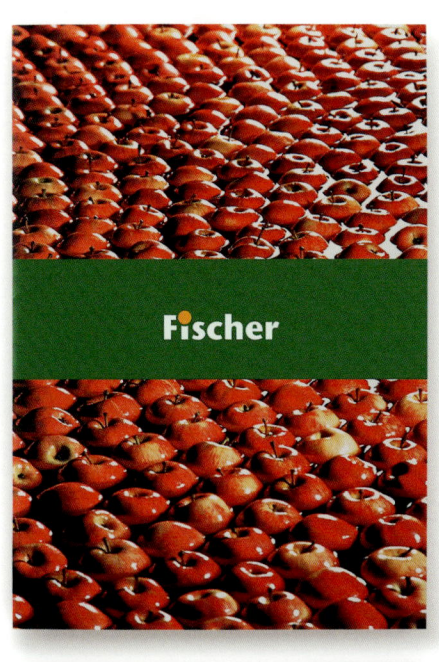

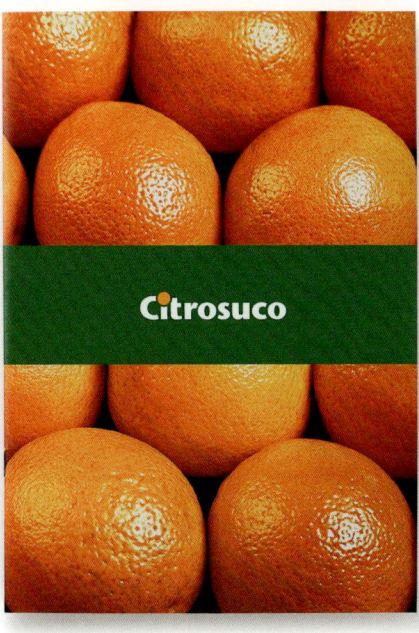

Fischer

Citrosuco

Fischer in natura

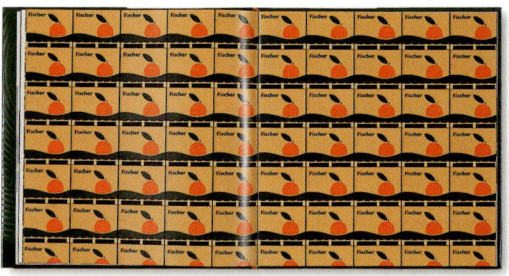

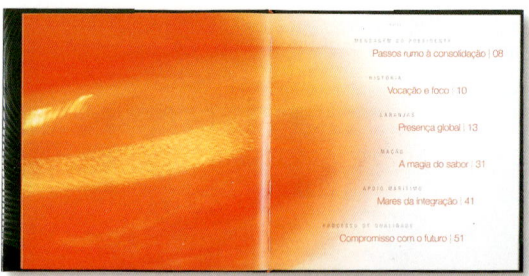

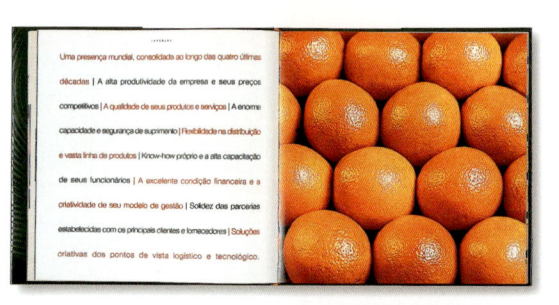

200

201

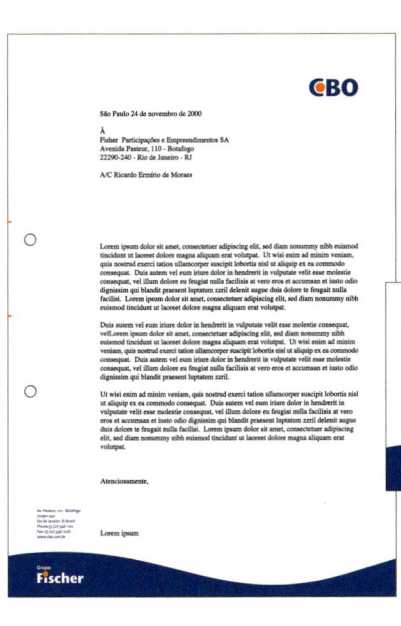

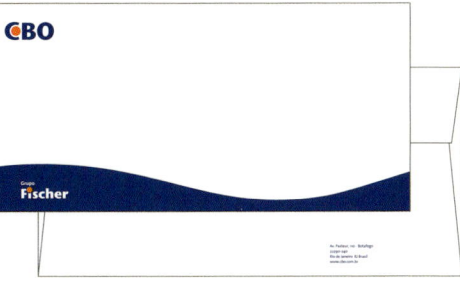

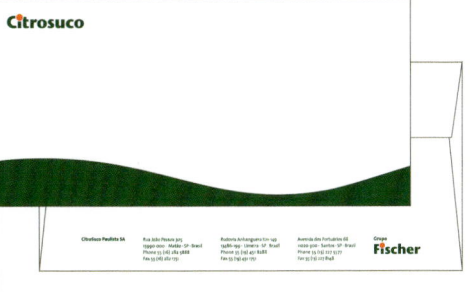

Fischer
Citrosuco
Fischer
CBO

Fischer
Produto
Produção
Processamento

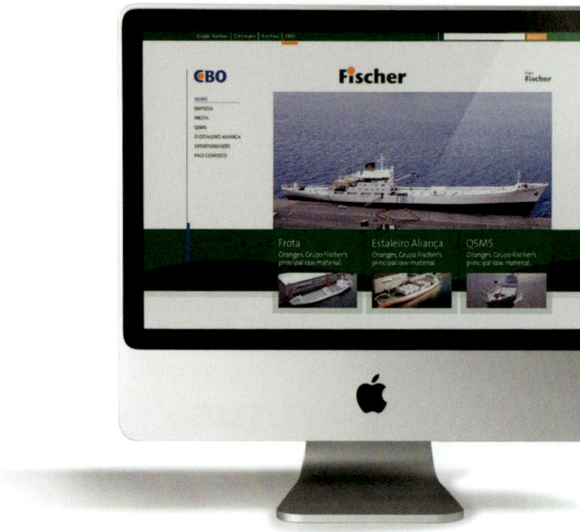
CBO
Fischer
Frota
Estaleiro Aliança
QSMS

203

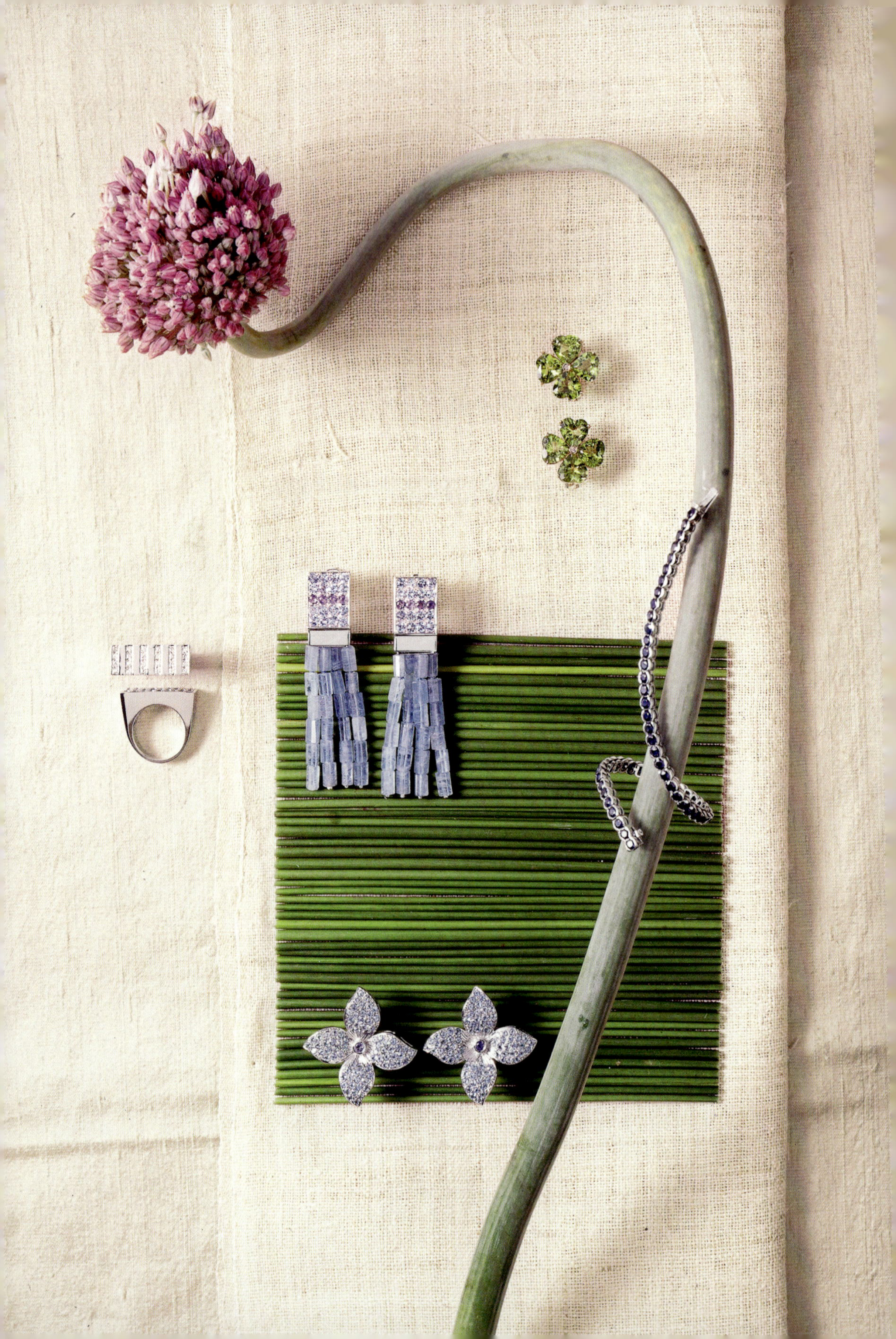

2001

Cliente: Gioielli Pantalena | Joalheiro

Projeto: Design e direção de arte para material promocional. Fotos de Cesar Cury.

EXISTE O PERFUME DA VIDA? SEI QUE
NÃO EXISTE RESISTIR AO AROMA. É RESPIRAR E VIVER.
E ELE ME CAPTUROU UM NOVO UNIVERSO REVELADO.
JÁ INSUBSTITUÍVEL. DE SENSUALIDADE PLENA
QUANDO SE INSPIRA. É SONHAR UMA JÓIA RARA.
I N S P I R E - S E . N O V O S S O N H O S .

2003

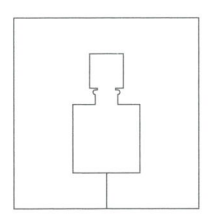

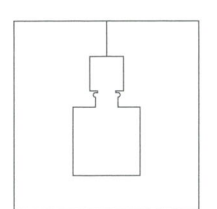

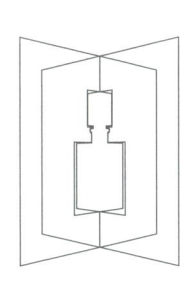

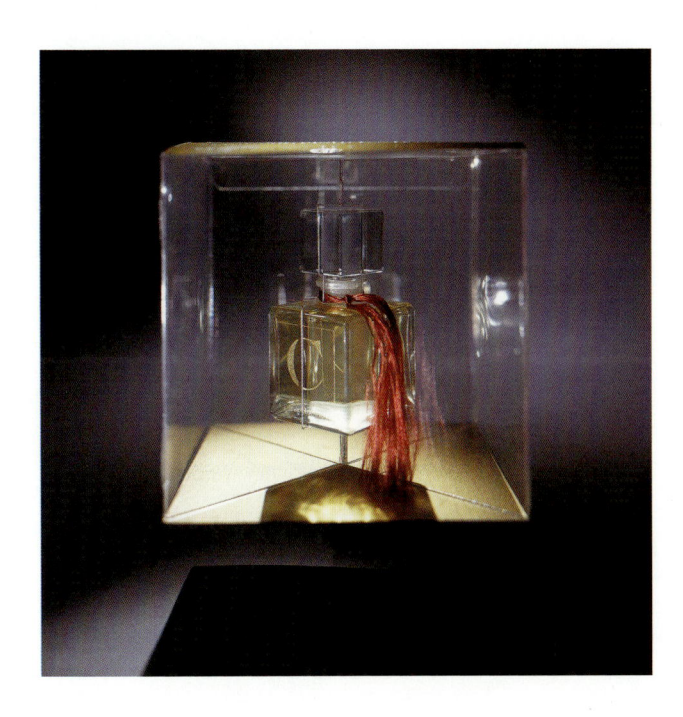

Cliente: Cecilia Rodrigues | Designer de joias

Projeto: Design de embalagens para perfume. Com uma faca simples conseguimos deixar o perfume "flutuando" dentro da embalagem.

2000

Cliente: Grupo Transamérica | Flats

Projeto: Programa de identidade corporativa. Projeto desenvolvido na Brandgroup Strategic Design.

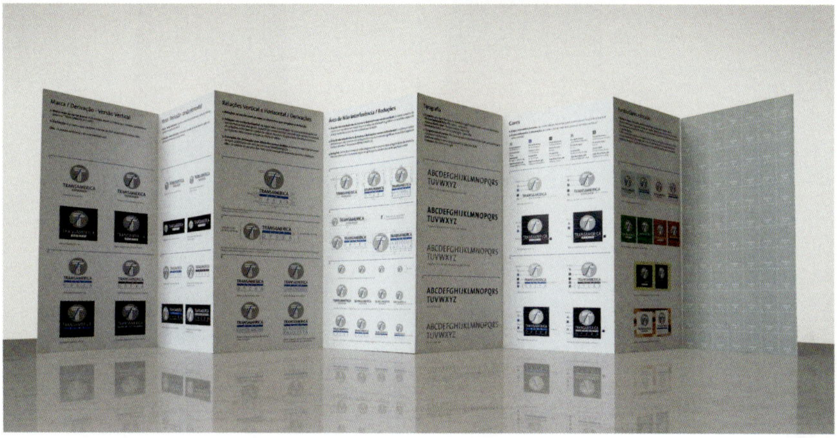

TRANSAMERICA
FLATS

TRANSAMERICA
FLAT
HIGIENÓPOLIS

TRANSAMERICA
FLAT
INTERNATIONAL

TRANSAMERICA
FLAT
FARIA LIMA
CENTURY

TRANSAMERICA
FLAT
INTERNATIONAL
PLAZA

TRANSAMERICA
FLAT
PARADISE
GARDEN

2003

Cliente: ALMAP/AMBEV | Antarctica

Projeto: Redesenho e padronização dos rótulos da família de cervejas Antarctica. Projeto desenvolvido na Brandgroup Strategic Design, em parceria com o designer Rogerio Testa.

ANTARCTICA
Desde 1885
CERVEJA
CRISTAL
355ml
ANTARCTICA
Desde 1885
CERVEJA
MALZBIER
355ml

1990

Quem não se recorda do plano econômico que confiscou nosso dinheiro e, também, dos caras pintadas nas ruas exigindo o impeachment do presidente, um ano depois? Lembro muito bem que estávamos normatizando toda a identidade visual do grupo financeiro Bamerindus, um cliente que representava 70% do nosso orçamento, e, de uma hora para outra, nosso fee mensal foi cancelado. Foi muito difícil, uma situação muito delicada.

Essa década foi marcada por transformações profundas no Brasil e no meu ofício como designer.

Em 1990, fiz uma viagem em que tive a oportunidade de conhecer dois grandes designers: Massimo Vignelli, em Nova York, e Michael Vanderbyl, em São Francisco. Encontros que abriram a minha cabeça. Não me esqueço do dia em que entrei no escritório da Massimo Vignelli Associados. Um lugar impecável, pois Massimo, além de designer gráfico, é um excelente designer industrial e participou da criação e desenvolvimento do sistema de sinalização do metrô de Nova York.

Em 1996, resolvi desfazer minha sociedade na D Designers Associados para seguir um desafio internacional, pois havia recebido um convite irrecusável: trabalhar em uma empresa de design na Cidade do México por um ano. Uma experiência internacional que me traz, até hoje, muita satisfação. Lá fiz amizades, conheci outros profissionais e pude mergulhar na cultura e estética marcantes de um país cheio de cores e aromas.

Alguns acontecimentos são inesquecíveis e foram indispensáveis para a mudança de várias coisas ao longo daquela década, influenciando, por sua vez, meu trabalho: a fundação da empresa Google; as Olimpíadas de Barcelona, com sua identidade gestual e colorida; o designer David Carson, fundador da revista *Ray Gun* – um quase autodidata que sacudiu os conceitos de tipografia; o designer Peter Saville; a sofisticação e a simplicidade no design do japonês Shin Matsunaga; o visual pop do filme *Pulp Fiction – Tempo de violência*, de Quentin Tarantino; e, no Brasil, o início do Plano Real, criado para diminuir a inflação, possibilitando a retomada de projetos de vários profissionais da área de design. Isto sem falar na revolução, ainda em curso, da internet.

1999

Cliente: Sophisticated Ladies

Projeto: Projeto gráfico para poster.

VIACABOTV

VIACABOTELECOM

VIACABOINTERNET

VIACABOFONE

VIACABOCOM

1999

Cliente: Via Cabo/Adelphia | Comunicações

Projeto: Naming, identidade visual e design da iconografia dos serviços. Projeto desenvolvido na Brandgroup Strategic Design em parceria com a redatora Beatriz Villarinho.

Brasil Aventura
No caminho dos Heróis · On the Trail of Heroes

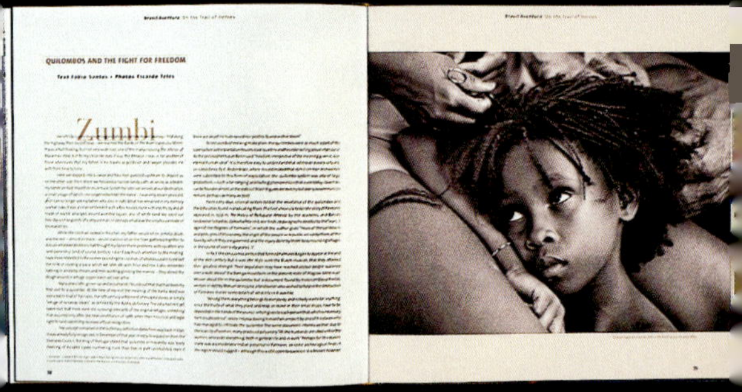

A GLÓRIA DE UM VENCIDO

Padre Vieira

QUILOMBOS AND THE FIGHT FOR FREEDOM

Zumbi

RETORNO AO RIO DA DÚVIDA

Rondon

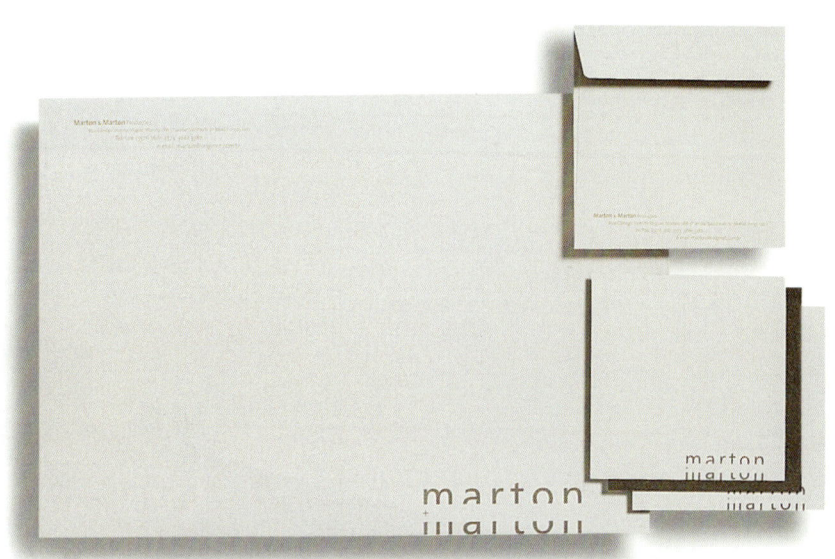

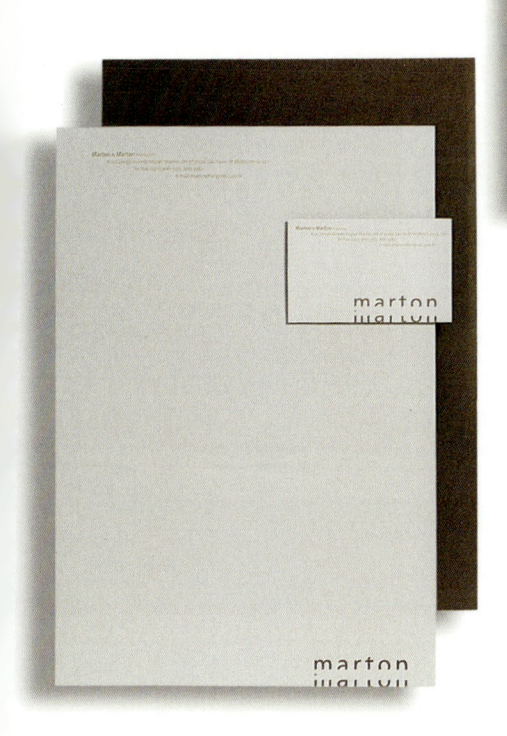

marton
+ marton

1999

Cliente: Marton & Marton | Produções especiais

Projeto: Identidade visual.

1999

Cliente: Mundial Calçados | Rede de lojas

Projeto: Identidade e comunicação visual dos pontos de venda das lojas Mundial Calçados. Projeto premiado em primeiro lugar na 5ª Bienal de Design Gráfico da ADG (Associação dos Designers Gráficos).

CAFÉ
MUNDIAL

ELEVADORES
ESTACIONAMENTO
CAFÉ
SANITÁRIOS
ESPORTES
MASCULINO
FEMININO
INFANTIL

MUNDIAL
CALÇADOS

1999

Cliente: Sra. Sopa | Alimentos

Projeto: Identidade visual. Ilustração de Iran do Espírito Santo.

Sra. Sopa
quente ou fria, deliciosa.
Zeca Vieira
zeca@sra.sopa.com.br
Al. Ministro Rocha Azevedo 130
01410-002 Cerqueira Cesar
São Paulo SP Brasil
Tel.: (55 11) 3045 0140
www.sra.sopa.com.br

1999

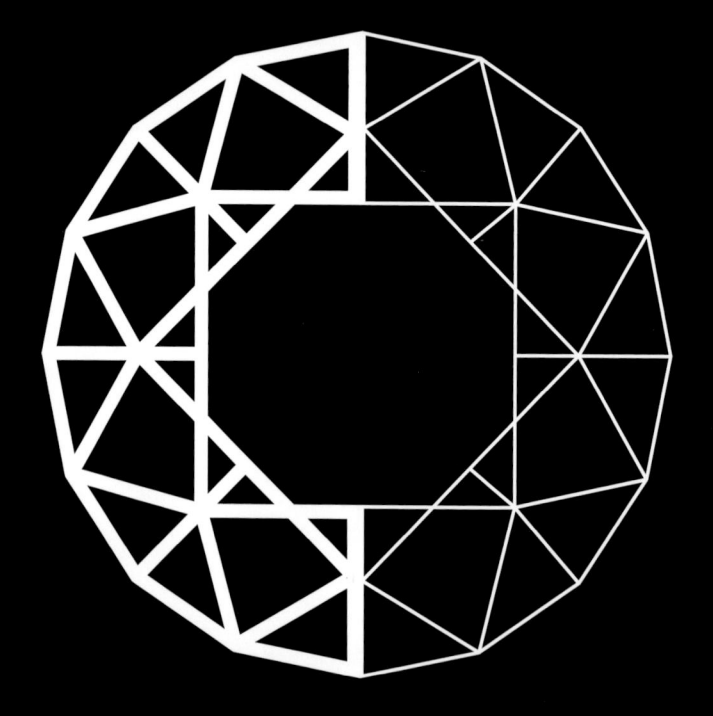

Cliente: Asemex Banpais

Projeto: Identidade visual para divisão premium do grupo financeiro. Projeto desenvolvido na Draft Diseñadores na Cidade do México.

CÍRCULO DIAMANTE

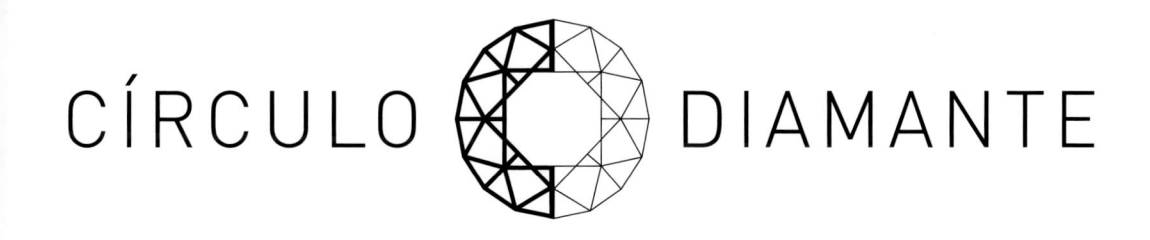

1999

Cliente: Blondie Hair | Hair Stylist

Projeto: Identidade visual. Projeto publicado no *Anuário Graphis Logo Design 5*.

BLONDIE hair

Avenida
Paulista
1499
Loja 62

Alameda
Casa
Branca
39
Loja 62

01310-000
São Paulo
SP Brasil

Telefone
3288 9457

www.blondiehair.com.br

segunda à sexta
10h00 às 19h00

sábado
10h00 às 17h00

FREDERIC CHOPIN
PRESENTES

1998

Cliente: Frédéric Chopin | Complementos para casa

Projeto: Redesenho da identidade visual, design das embalagens, comunicação visual das lojas e padronização de anúncios. Ilustração de Iran do Espírito Santo e fotos de Leonardo Crescenti.

RUA OSCAR FREIRE 909
01426-001 JARDINS SÃO PAULO SP BRASIL
TELEFONE 55 11 3061 0777

FREDERIC CHOPIN PRESENTES

CHRISTIAN DIOR
POR FREDERIC CHOPIN
LISTAS DE CASAMENTO
RUA OSCAR FREIRE 909
CEP 01426-001
JARDINS
SÃO PAULO SP
TEL: 3061 0777

SAINT LOUIS
POR FREDERIC CHOPIN
LISTAS DE CASAMENTO
RUA OSCAR FREIRE 909
CEP 01426-001
JARDINS
SÃO PAULO SP
TEL: 3061 0777

SAINT LOUIS
POR FREDERIC CHOPIN
LISTAS DE CASAMENTO
RUA OSCAR FREIRE 909
CEP 01426-001
JARDINS
SÃO PAULO SP
TEL: 3061 0777

PUIFORCAT
POR FREDERIC CHOPIN
LISTAS DE CASAMENTO
RUA OSCAR FREIRE 909
CEP 01426-001
JARDINS
SÃO PAULO SP
TEL: 3061 0777

CORAÇÃO GOMET'S
dori
BANANAS GOMET'S
Colorida e aromatizada artificialmente
GELATINA SABOR DE BANANA
PUDIM GOMET'S
URSINHOS GOMET'S
BANANA

1998

Cliente: Made in Brasil Design | Dori Produtos Alimentícios

Projeto: Identidade visual e design de embalagens para a família de produtos Dori.

FRATELLI VITA
FV
ÁGUA MINERAL NATURAL
SEM GÁS
Fonte São Francisco de Assis
FRATELLI VITA
Conteúdo 500 ml
FRATELLI VITA
FV
COM GÁS
Fonte São Francisco de Assis
Gaseificada Artificialmente
Conteúdo 500 ml

FRATELLI VITA

1997

Cliente: Fratelli Vita | Água mineral

Projeto: Identidade visual para família de produtos Fratelli Vita.

ZERO FILMES
Luiz Ferré
Rua Tenerife 52 04548-040
Itaim Bibi São Paulo SP Brasil
Fone/Fax (011) 822 1813
http://www.zerofilmes.com.br
AGÊNCIA:
CLIENTE:
PRODUTO:
TÍTULO:
DURAÇÃO:
DIREÇÃO:
DATA:
AUDIO NR
AFM
MONO
SP

1997

Cliente: Zero Filmes | Produções cinematográficas

Projeto: Identidade visual.

1998

Cliente: Made in Brasil Design | Shopping Metrópole

Projeto: Design para tapume de obra, material promocional e identidade visual. Projeto desenvolvido em parceria com a redatora Beatriz Villarinho.

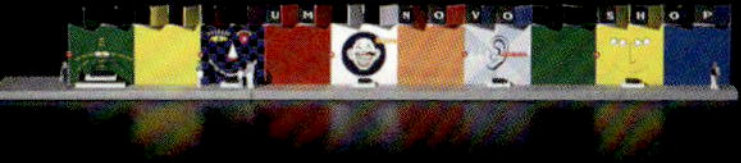

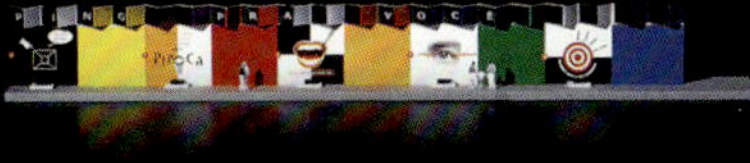

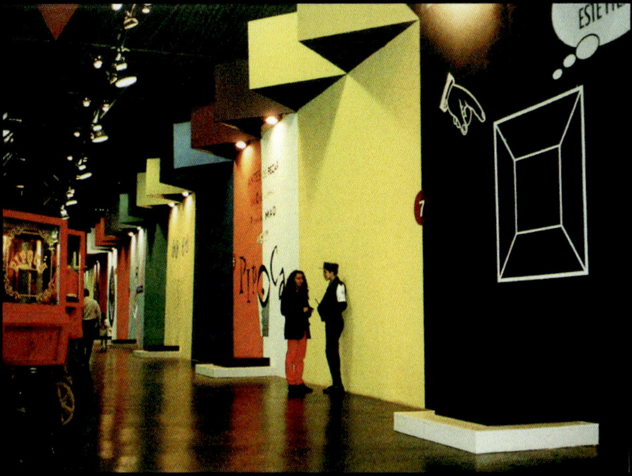

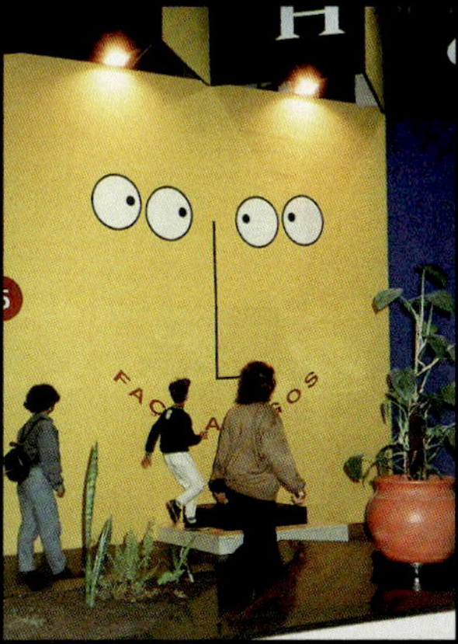

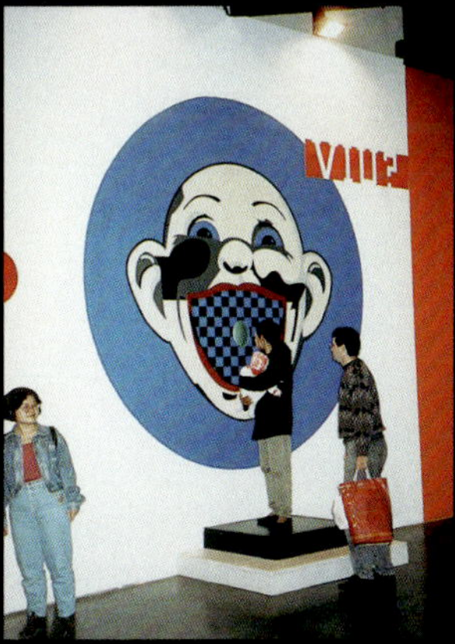

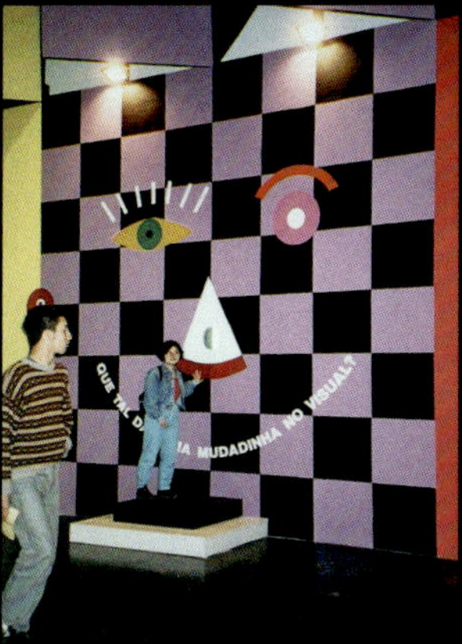

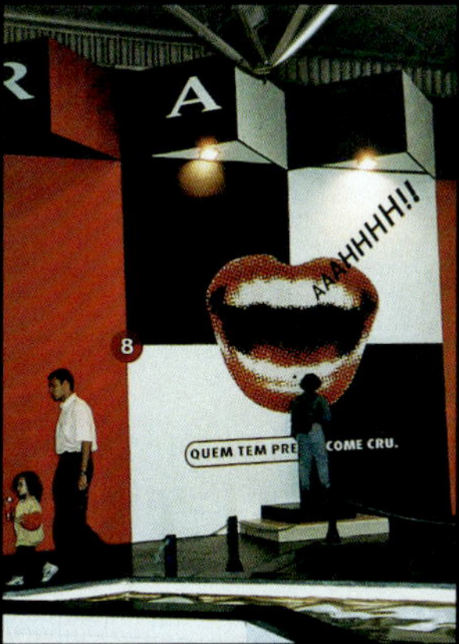
AAAHHHH!!

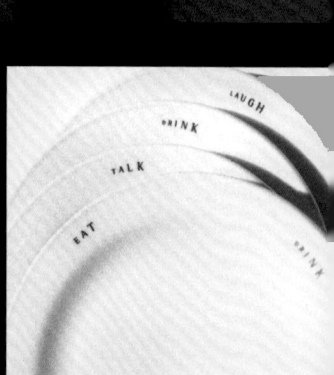

THE CUBE

Bar e Café

Rua da Consolação 2967
01416-001
São Paulo
SP
Brasil
Fone / Fax
(011) 881 9238

1994

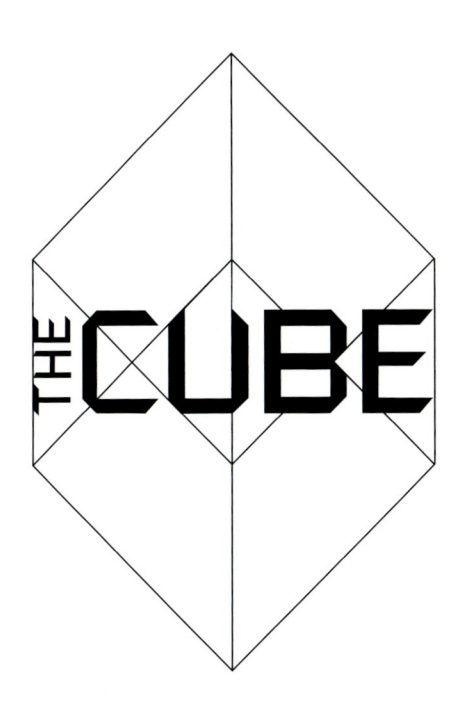

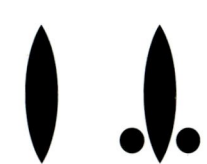

Cliente: The Cube | Bar e café

Projeto: Identidade e comunicação visual. Acima, pictogramas para WC feminino e masculino.

1995

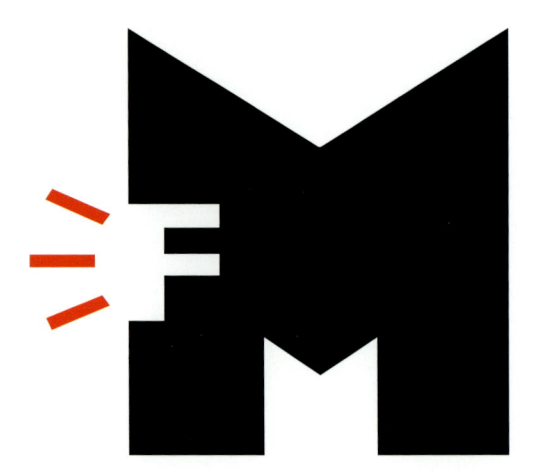

Cliente: Marabá Filmes | Produções cinematográficas

Projeto: Identidade visual. Projeto publicado no *19º Anuário do Clube de Criação de São Paulo* e no *Anuário Graphis Design 98*, EUA.

1991

Cliente: HZ | Construção e planejamento

Projeto: Identidade visual. Projeto desenvolvido na D Designers Associados em 1991 e publicado no *Anuário Graphis Logo 2*, EUA.

1990

Cliente: Orelha de Van Gogh | Assessoria cultural

Projeto: Identidade visual. Projeto desenvolvido na D Designers Associados e publicado na revista *Gráfica Brasil*.

AL. MINISTRO ROCHA AZEVEDO 1100
01410-002 CERQUEIRA CESAR
SÃO PAULO SP
TEL.: (55 11) 3048 1115
WWW.ORELHADEVANGOGH.COM.BR
ORELHADEVANGOGH

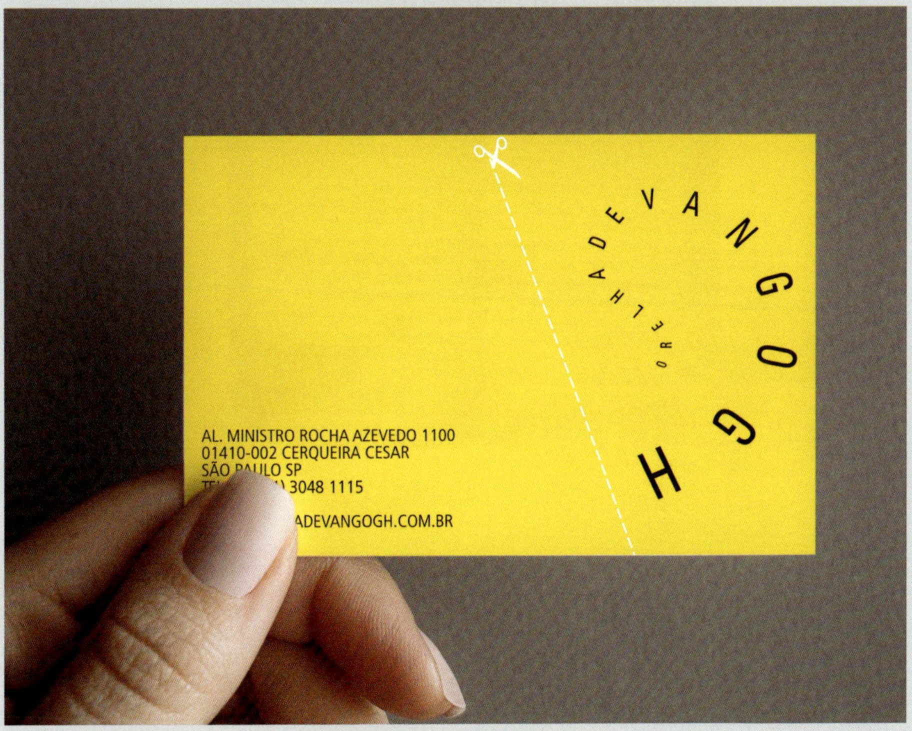
ORELHADEVANGOGH
AL. MINISTRO ROCHA AZEVEDO 1100
01410-002 CERQUEIRA CESAR
SÃO PAULO SP

Forestier
CLASSIQUE
Rouge
VINHO FINO TINTO SECO
1750
Forestier
CLASSIQUE
Rouge
SAFRA 1990
VINHO FINO TINTO SECO
1750

Forestier
CLASSIQUE
Blanc
VINHO FINO BRANCO SECO
MAISON FORESTIER
1750
Forestier
CLASSIQUE
Blanc
SAFRA 1992
VINHO FINO BRANCO SECO
MAISON FORESTIER
1750
CONTEÚDO 750 ml

1980

A década de 1980 foi efervescente. A década das eleições diretas para Presidente da República e da chegada do aparelho de fax, que transformou a maneira de nos comunicarmos. Terminei meu curso de arquitetura e entrei para uma empresa de design, onde tive a oportunidade de participar de projetos para grandes clientes. Foi um período de experimentação, durante o qual conheci o trabalho de outros designers e comecei minha busca por uma linguagem própria.

Sem dúvida, foi uma década de grandes mudanças na linguagem visual. Se antes vínhamos de uma experiência do fazer manual, agora tínhamos que rapidamente aprender a lidar com os computadores Macintosh lançados pela Apple, uma nova ferramenta que transformou definitivamente nosso modo de trabalhar.

Em 1984, em uma viagem pela Europa, visitei pela primeira vez o Centre Georges Pompidou, em Paris, projetado pelos arquitetos Renzo Piano e Richard Rogers. Fiquei fascinado com a coerência do projeto de comunicação visual daquele espaço, com uma proposta contemporânea para a época e alinhada com sua linguagem arquitetônica.

Nesse mesmo ano, lembro-me do colorido da identidade visual dos Jogos Olímpicos de Los Angeles. Um projeto que, embora interessante, com uma comunicação visual pontuada pelo pós-modernismo californiano, mostrou-se efêmero. A entrada do homem-foguete no final da cerimônia, uma referência ao poder tecnológico norte-americano, é o que mais guardo na memória.

Foi, de fato, uma década repleta de imagens visuais que influenciaram toda uma geração: o show *Falso brilhante*, de Elis Regina; a trilogia *Star Wars – Guerra nas estrelas*, de George Lucas; o lançamento do videoclipe *Thriller*, de Michael Jackson; a MTV; os filmes de Pedro Almodóvar; e o trabalho inovador de Neville Brody como designer das revistas *The Face* e *Arena*.

Também foi nessa década que, ao lado de dois amigos designers, Hugo Kovadloff e Milton Cipis, decidi sair da agência onde trabalhava, a SAO, Divisão de Design da DPZ, para me tornar sócio-criativo em uma nova empresa, a D Designers Associados.

BMC

1989

Cliente: Banco BMC S.A. | Grupo financeiro

Projeto: Programa de identidade corporativa e sistema de sinalização interna e externa das agências. Projeto desenvolvido na D Designers Associados.

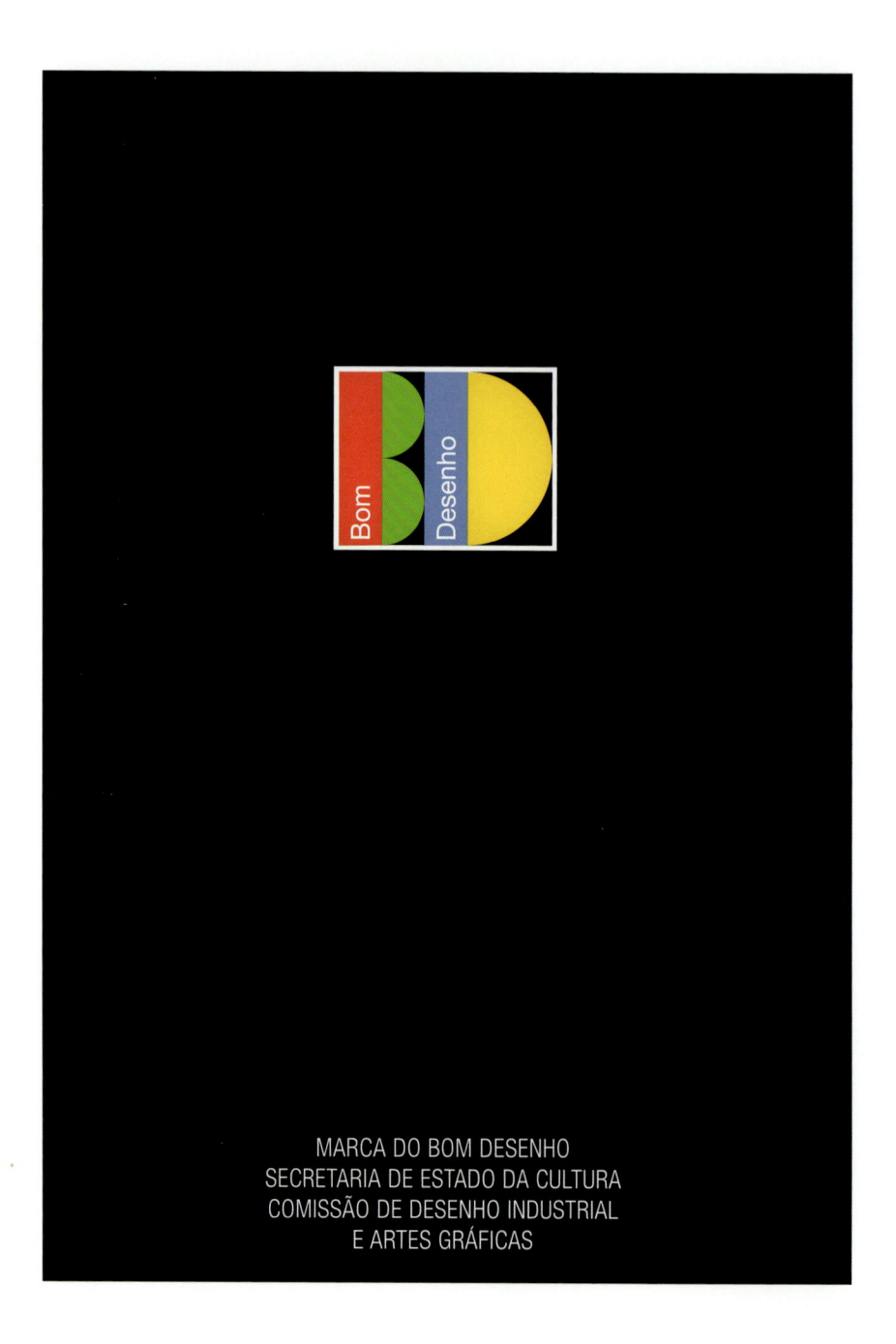

MARCA DO BOM DESENHO
SECRETARIA DE ESTADO DA CULTURA
COMISSÃO DE DESENHO INDUSTRIAL
E ARTES GRÁFICAS

1988

Cliente: Secretaria de Estado da Cultura

Projeto: Identidade visual para marca do Bom Desenho. Projeto desenvolvido na SAO, Divisão de Design da DPZ.

250

1990

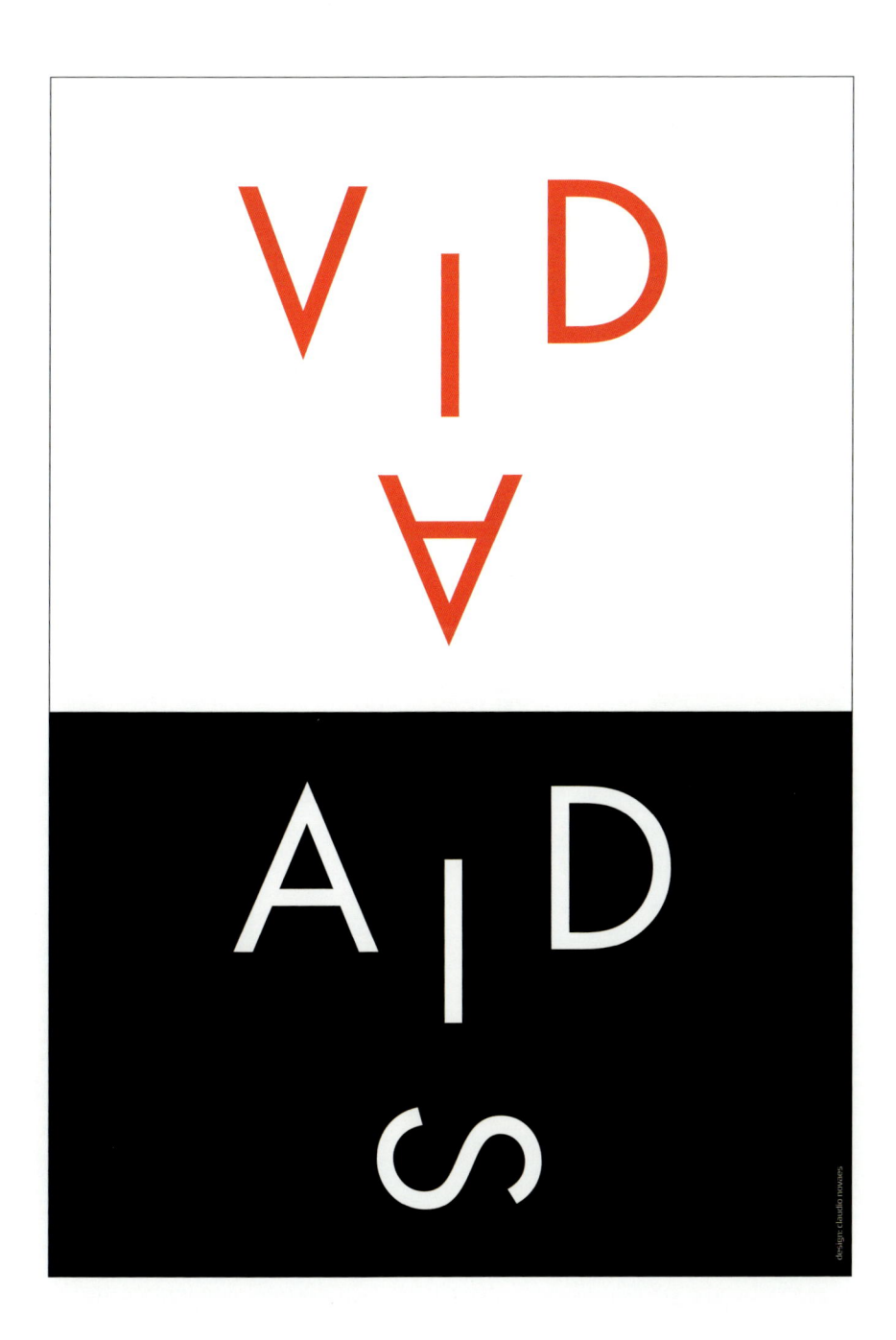

Cliente: ADG | Associação dos Designers Gráficos

Projeto: Cartaz para campanha Aids e Adolescência. Projeto desenvolvido na D Designers Associados.

Manual de
Identidade Visual
Rede Fácil

$ RED

$

REDE FÁCIL

REDE FÁ

Manual Simplificado

Programa de Identidade Corporativa

INDU

MANUAL
DE IDENTIDADE
VISUAL BASTEC

Bastec

Bastec

1989

Cliente: Cervejaria São Paulo

Projeto: Estudo para família de cervejas Guss.

Gabinete de Comunicação

1990

Cliente: Gabinete de Comunicação | Assessoria de imprensa

Projeto: Identidade visual. Projeto desenvolvido na D Designers Associados em parceria com os designers Hugo Kovadloff e Milton Cipis e atualizado em 2009 na Claudio Novaes Conceito/Design/Direção.

1990

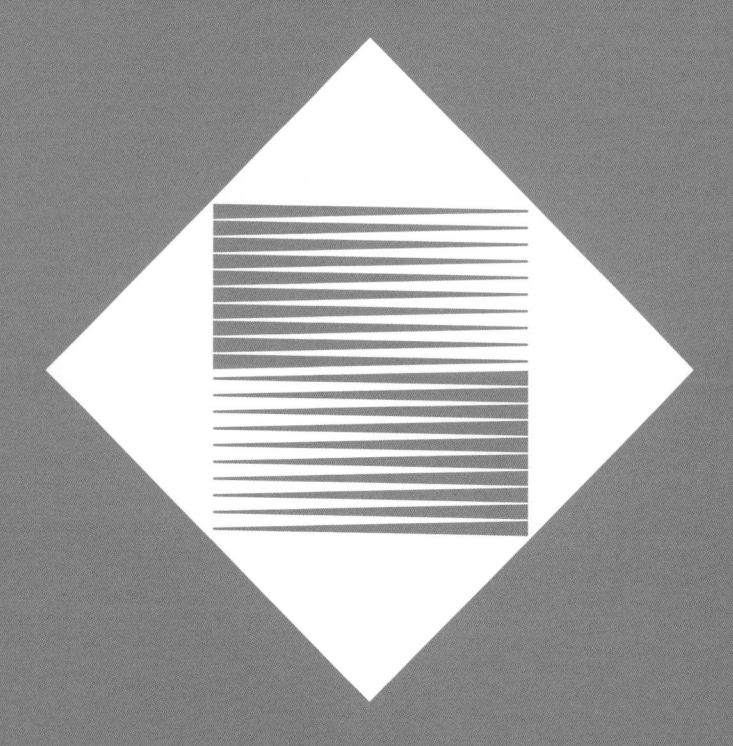

Cliente: Banco Sibisa

Projeto: Identidade visual. Projeto desenvolvido na D Designers Associados.

1986

Cliente: Secretaria de Estado da Cultura

Projeto: Proposta de cartaz para o 4º Salão Paulista de Arte Contemporânea. Desenvolvido na SAO, Divisão de Design da DPZ, com a designer Claudia Weber.

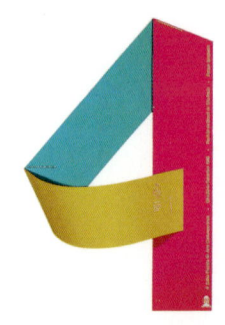

1990

Cliente: D Designers Associados

Projeto: Design para portfólio desenvolvido com os designers Hugo Kovadloff e Milton Cipis.

1989

Cliente: Órbitas | Sistemas Aeroespaciais

Projeto: Identidade visual. Projeto desenvolvido na SAO, Divisão de Design da DPZ, com o designer Milton Cipis.

1989

Cliente: Enviro Audit | Auditoria do meio ambiente

Projeto: Estudo de identidade visual. Projeto desenvolvido na D Designers Associados.

1987

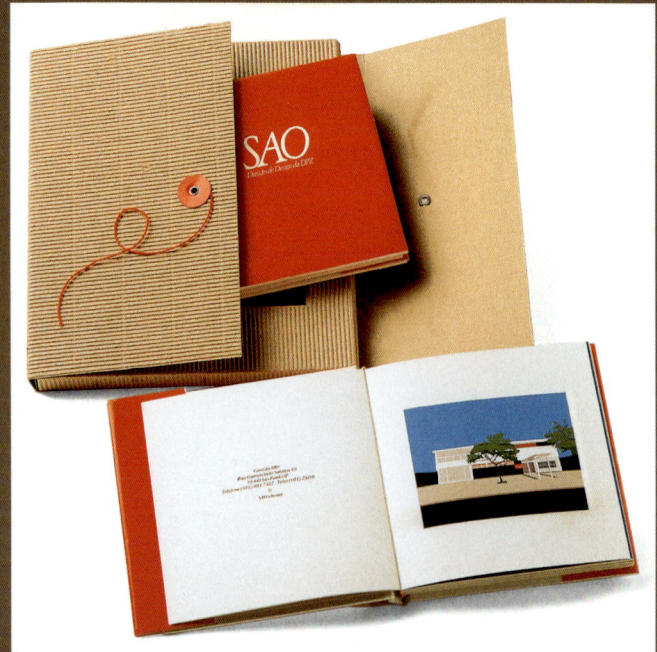

Cliente: SAO | Divisão de Design da DPZ

Projeto: Projeto gráfico para portfólio e brinde de fim de ano. Projeto desenvolvido com o designer Milton Cipis.

1985

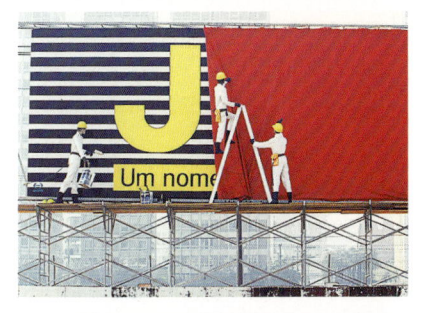

Cliente: JHS | Construção e Planejamento Ltda.

Projeto: Painel sequencial. Projeto desenvolvido na SAO, Divisão de Design da DPZ, com o designer Mario Narita.

1989

Cliente: JHS | Construção e planejamento

Projeto: Design para tapume de obra na avenida Paulista, confeccionado com lâminas de madeira coloridas que, fixadas com dobradiças, possibilitam a intervenção do público. Projeto desenvolvido na SAO, Divisão de Design da DPZ, e publicado na revista *Design & Interiores*.

Chimenti Auriemo
Chimenti Auriemo
CREA: 62.503/D
ROH
JHS
Construção e Planejamento Ltda.
Rua Navarro de Andrade 152
Tel.: 282-0133 CREA: 18.050
Engs. Responsáveis:
José Roberto Chimenti Auriemo
Fábio Roberto Chimenti Auriemo

A fé nunca moveu nada. É a dúvida que move.
P. Henningsen

English text

I thank all friends, partners, former partners, former employees, collaborators, clients, all those that at sometime along my path participated in the elaboration process of the projects presented in this book. Specially Marcia Signorini and Daniela Almeida.

São Paulo, 2012.

"Tell me and I'll forget; show me and I may remember; involve me and I'll understand."
Chinese proverb

a portrait

Whatever can be said, can be said clearly.
Ludwig Wittgenstein

My first encounter with Claudio Novaes was in the 1980's at SAO. To him and so many other recently graduated youngsters at that time, SAO and DPZ were especially attractive for their creative and vanguard posture.

Petit, founding partner at DPZ, wrote the following introduction in SAO's portfolio: "More than a design company, SAO is a happy space in Brazil where work, professionals, products and companies are created, in a beautiful home with a pleasant garden."

Also according to Petit, SAO was born from the need to implement a modern design mentality in our country. Since then, Claudio has worked to demonstrate that this ideal is possible.

Having graduated in Architecture, he had as his professor and mentor one of the most renowned São Paulo Concretism protagonists: Maurício Nogueira Lima. His master's teachings and other references of the time inspired him and gave him a solid base to develop his work. His designs present a well-ordered, clear and precise graphic structure, but without stiffness.

His posture shows that, to him, past teachings shouldn't be destroyed, but understood and assimilated as the cornerstone of one's professional development.

Ever since we met at SAO, I found in Claudio a soul mate. Our tastes and references in the area have always coincided. That is why, for a six-year period, we worked together at the company we created in 1990 with Milton Cipis.

More than a professional activity, design is a conception of life to Claudio. He has always shown enormous talent and synthesis capacity. Not just in Graphic Design, but also in his incursions in the product and environment design area. He has a clear ethical posture that goes beyond fads, trivialities and the easy stardom, very common in the field.

Claudio believes design creates visual experiences that enrich us, that teach us how to think and live with more quality.

This book, with his 28-year trajectory, presents beautiful works that tell his history and restate his principles and contributions to Brazilian design.

Hugo Kovadloff

introduction

Writing to a designer

My universe has always been visual. From an early age, my look was always directed to shapes and colors; writing has always been a necessary effort that I learned later. After one year preparing the content for this book /portfolio, selecting and editing projects, I face the difficulty of writing an introduction. I never was much of a writer, transmitting my thoughts through words. But, let us go to it…

I am the second of four children, the third generation of Italian immigrants on my mother's side, with Italian and Portuguese great grandparents on my father's side. I come from a family that, within the economic context of the 1970's, could be considered middle class, spending a good part of my childhood and adolescence in full military regime.

Music has always been present in my life; my mother has always played the piano, as well as my older brother. She has always drawn and painted; she painted in a naive style, uncommitted to any artistic movement. After a few frustrated attempts by my parents to make me learn how to play piano and guitar, when I was 13 I went to study in a visual arts school – Fundação das Artes de São Caetano do Sul. There, in a short period, I recognized an aptitude, a taste for the manual and a chance to develop my abilities.

I remember my choices were always guided by the simplest and purest forms, by the essential – what I learned later on, which curiously in some situations means being the most exclusive or even the most expensive. I only came to understand this dichotomy years later when I fell in love with Japanese and Scandinavian design. That's when I understood the difficulty of creating something essential and simple in content and form. It became clear how arduous that is; how difficult it is to reach a simple solution.

In 1979, I was accepted to the Architecture and Urbanism College in Santos. The decision to study at an architecture college was essential for my background and allowed me to acquire the visual refinement and education that were determining for the development of my career. For five years, I questioned my references every day; I developed my look and critical posture about things. I had the professor and Concretism artist Maurício Nogueira Lima as my mentor. At that moment, my passion for design, for a more logical and structured graphic presentation and the modernist architecture and design taught of the Bauhaus school became clear. That was also where I discovered the work of professionals such as Adolf Loos, Josef Hoffmann, Max Bill, Alvar Aalto, Oscar Niemeyer, Rino Levi, Lina Bo Bardi, Dieter Rams, Paul Rand, Otl Aicher, Josef Müller-Brockmann, the Swiss design pioneer, Pierre Mendell, Achille Castiglione, Richard Neutra, Arne Jacobsen, Eero Saarinen, Gio Ponti, among so many others.

Through a publication, in the beginning of the Architecture course, I came to know the work of a London design office called Pentagram, more specifically the projects of the designers Alan Fletcher, Colin Forbes and Mervyn Kurlansky. It was instant identification. I saw an evolution in their work, a new approach, and a new route to translate the visual-image universe. Throughout the five years of college, this interest made me get involved with the visual communication discipline – as it was called at the time – and became the monitor of the course, together with the professor and architect Maria Argentina Bibas.

When I finished college, I was hired by SAO, DPZ's design division, the most coveted agency at the time. In a very pleasant and fun environment, I began my career and was part of creative teams that developed projects for big companies. At that time, the SAO team had professionals with extremely good taste and was led by designer Hugo Kovadloff, who would later be my partner in another company. Within that creative environment, I established a stronger bond with the graphic design universe and got to know other professionals' work, accessing new methodologies and approaches.

In 1990, I left SAO/DPZ and partnered with designers Hugo Kovadloff and Milton Cipis, creating D Designers Associados.

Years went by amidst international experiences, awards and other design companies. In 1996, I was invited to work in Mexico City at the design office Draft Diseñadores, where for one year I was involved with the visual normalization project for a large financial group.

Early in 1998, I returned to Brazil and developed projects in collaboration with the design company Made in Brasil Design, a division of the advertising agency W/Brasil. In 2000, I started my contact with the branding universe and strategic thinking, through the creation of Brandgroup Strategic Design, where I was in charge of creation with two other partners, Patricia Cataldi and Bill Martinez. Throughout this office's four years of existence, I maintained close ties and exchanged experiences with international professionals, especially with the IDP/ International Design Partnership group.

In 2004, I noticed that design companies around the world were reformulating their configurations and assuming other structures, which made me review my reality. So I decided to leave Brandgroup and create a new concept, design and direction nucleus – with a smaller, more cohesive structure and the possibility of establishing creative teams according to the scope of each project.

To me, the choice for design implies not only in a professional positioning, but also something that determines many aspects of my life, the adoption of a personal truth. A route towards the synthesis, seeking a more direct way of communicating and transmitting an idea and a concept. I see design as an instrument that can facilitate our day-to-day and make life more pleasant and that reveals its time more intensely.

Many times, the creative process is very tiresome: you do it, repeat it, do it again, remove the excess, lapidate it until you reach a satisfactory route. It's not following fads; it's finding a more long-lasting route and discovering that the solution resides in diving into and understanding the problem itself.

Most of the times, I set up a plan in a more systemized way, indicating all phases of the project, defining the objectives, structuring the teams, generating ideas, managing differences, aligning convergences; all to reach a satisfactory solution. Other times, I simply let myself be taken by doodles I do on my notebook, seeking an insight flow. Almost always, the best ideas happen away from the work environment. Whenever I have something to solve, it comes with me wherever I am. I stay with my mind and eyes attuned, seeking solutions without losing the objective of being aligned with the client's strategic purpose and always being aware of the design as a participative creative process that besides building loyalty, yields sustainable results.

In the opportunities I have of speaking publicly about my professional trajectory, people always ask me what type of information I feed off of or how I define my route. I answer that curiosity has always stimulated me and is present in everything I do. My information universe is not limited specifically to Graphic Design, but based in the construction of a general visual culture. My day to day is built with discoveries and experiences, and that, in a way, is transferred to my work. I always state I am not a graphic artist, but a graphic designer who works with applied arts.

Today, at Claudio Novaes Conceito/Design/Direção, I have a lean team and work with six professionals. I try using my tools to solve issues related to the design universe, educate my clients, and as a rule of thumb, show how design can be an extraordinary platform at companies and in society.

Not all projects presented herein resulted in total satisfaction, but many times they pointed to mistakes that were useful for my personal development or to the importance of refusing some projects when we do not believe in the conditions presented by the clients. Some of the creative ideas presented in this book/portfolio were not approved by the clients, but I think it is worthwhile making them public for presenting an equally strong concept or for bringing a different graphic solution than the one chosen in the beginning.

I really cannot say if there is a philosophy guiding my work, I never think much about it; I simply try to solve design challenges through an objective approach, always seeking the simplest and most direct way of communicating with meaning and relevance.

This book/portfolio is a selection of ideas developed throughout these 28 years dedicated to design.

Claudio Novaes

2000

The word for the first decade of the XXI century is web – the world connected and faster, information, globalization. One decade of using the cell phone, since the Olympic Games in Athens – with a more elegant visual identity created by the design firm Wolff Olins –, of the creation of Wikipedia, Orkut, YouTube, the iPhone, digital TV, Google and Facebook. The decade with the hottest temperature in the planet, of the Helvetica typology's 50th anniversary, created in 1957 by Max Miedinger and Eduard Hoffmann, of movements such as Slow Food, of valuing Brazilian design from the 1950's, of ecological awareness and technology in favor of the environment in the practice of sustainable attitudes.

A trip through Scandinavia solidified all my respect for the design in that region, restating the importance of designers such as Tapio Wirkkala, Timo Sarpaneva, Poul Kjærholm, Arne Jacobsen, Stig Lindberg, Hans J. Wegner and so many other new names.

It's in this decade that Brazilian design companies dove deep into the branding-methodology knowledge and restructured themselves to offer clients strategic solutions aligned with design solutions. Some companies that were only perceived as graphic design firms grew and turned into strategic consultancies. Others simply disappeared.

In the beginning of this decade, I formatted a new, leaner company with a more tailor-made approach. I moved my office closer to my home and I started walking the distances seeking a more contemporary and uncomplicated way of experiencing this great city of São Paulo – the search for a simpler and more agile life.

2010

Client: Memo | Sportswear

Project: Naming, identity and visual communication for a sportswear brand.

2010

Client: Cinex | Bez Batti

Project: Visual identity, communication and design for the "Bez Batti 70 years" exposition.

2006

Client: Bruno Senna | Formula 1 Pilot

Project: Visual identity.

2009

Client: Copasa

Project: Visual identity and packaging design for Cambuquira mineral water.

2010

Client: Ynni | Cosmetics

Project: Naming, visual identity and packaging design for product family.

2012

Client: Le pain aux olives | Bakery

Project: Visual identity for prime-grade bakery.

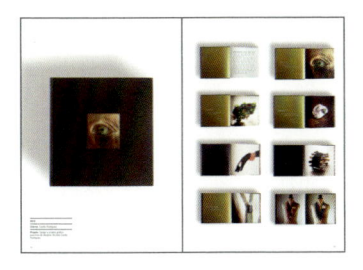

2012

Client: Cecilia Rodrigues

Project: Graphic project and art route for jewelry designer Cecilia Rodrigues' book.

2012

Client: Maurício Arruda / Arquitetos + Designers

Project: Visual identity

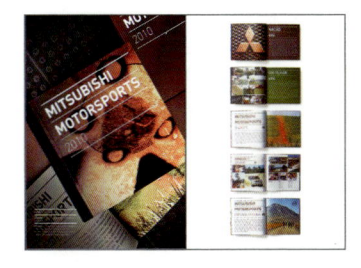

2010

Client: Africa Propaganda | Mitsubishi Motors

Project: Graphic design and project for the book *Mitsubishi Motorsports 2010*. Project developed in a partnership with creative director Sergio Gordilho.

2012

Client: Museu da Casa Brasileira (Brazilian House Museum)

Project: Studies for posters of the 26th Museu da Casa Brasileira Design Awards.

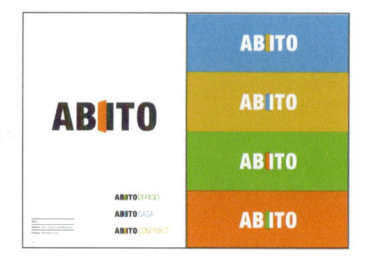

2012

Client: Abito | Doors and complements

Project: Visual identity.

2010

Client: Figueiredo Ferraz Institute

Project: Visual identity and communication.

2010

Client: Cinex | Aluminum and glass doors

Project: Corporate identity program, visual communication, internal and outdoor signage system, and promotional material. Project developed in a partnership with copywriter Ana Augusta Rocha.

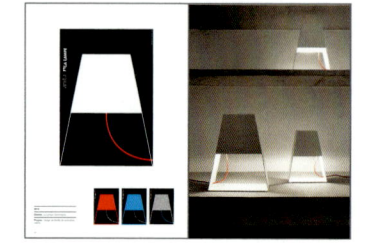

2010

Client: La Lampe | Lighting

Project: Design of the ANITA light fixture family.

2010

Client: Em nome do pão | Bakery

Project: Visual identity and design of the packaging range.

2011

Client: Cinex | Glass and aluminum doors

Project: Design and graphic project for *The Book of Closets* and art direction for the 2012 campaign. Photos by Gianni Antoniali, styling by Scila Mantovani and texts by Ana Augusta Rocha.

2009

Client: Riva | Silverware

Project: Visual identity for Rivissima's men's jewelry range.

2010

Client: H | Gifts

Project: Posters and promotional material.

2010

Client: Terral | Agribusiness

Project: Naming and visual identity.

2009

Client: Mitani | Glasses

Project: Visual identity and communication. Project developed in a partnership with branding consultant João Farkas.

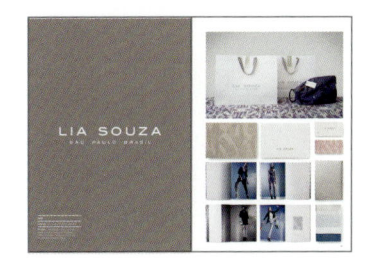

2009

Client: Lia Souza | Fashion designer

Project: Visual identity, promotional material and catalogue design. Photos by Andre Passos and styling by Ana Bogossian and Lia Souza.

2010

Client: Collectania | Furniture

Project: Store's visual communication.

2009

Client: DecorAsia | Home complements

Project: Visual identity and design for the product catalogue. Project developed in a partnership with publisher Clarissa Schneider and photos by Romulo Fialdini.

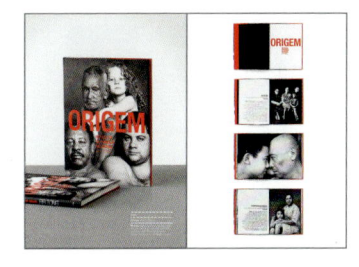

2009

Client: Auana | Publishers

Project: Design for the book and exposition "Origem, Retratos de Família no Brasil" (Origin, Family Portraits in Brazil) by photographer Fifi Tong with the curator of the exposition Diógenes Moura.

2009

Client: Nestlé | Nespresso

Project: Promotional material design.

2009

Client: Aquim | Gastronomy

Project: Visual identity, graphic project for the catalogue and packaging design for the chocolate range Q, created by architect Oscar Niemeyer.

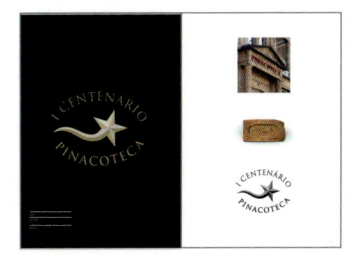

2008

Client: São Paulo State Pinacothec

Project: Creation of the commemorative brand for the pinacothec's 100th anniversary.

2008

Client: Butik | House complements

Project: Visual identity

2008

Client: Carlos Emílio | Photographer

Project: Graphic project for the book *Carlos Emílio at Home*.

2008

Client: Riva | Silverware

Project: Visual identity and design of Clarissa Schneider's Riva Aromas aromatic candle packaging family.

2009

Client: Africa Propaganda | Mitsubishi Motors

Project: Graphic design and project for the book *Mitsubishi Motorsports 2008*. Project developed in a partnership with creative director Sergio Gordilho.

2008

Client: Bobinex | Wallpaper

Project: Visual identity and graphic project for the wallpaper catalogue developed by designer Marcelo Rosenbaum.

2007

Client: Cidade Jardim Mall

Project: Design of the internal and outdoor signage system. Project developed in a partnership with architect Luciana Turco and photos by Augusto Bartolomei.

2008

Client: Africa Propaganda | Rio Summer Fashion

Project: Visual identity and communication.

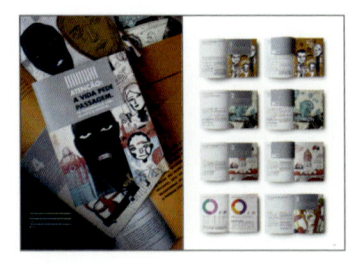

2011

Client: São Paulo City Hall

Project: Graphic concept and project for the support material used in the Pedestrian Protection Campaign. Illustrations by Marcos Oliveira Silva.

2008

Client: Dalva and Dito | Restaurant

Project: Visual identity and communication for chef Alex Atala's restaurant specialized in Brazilian gastronomy. The tiles from artist Athos Bulcão in the restaurant were the inspiration for the graphic project.

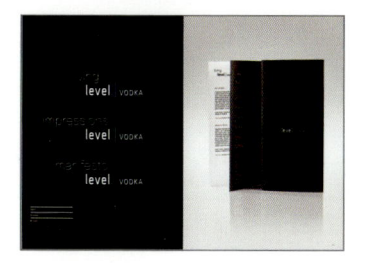

2007

Client: Interfood | Absolut Level

Project: Visual communication and architecture of the stand for the event "Living Level Vodka, Impressions Level Vodka and Manifesto Level Vodka". Project developed in a partnership with architect Maurício Arruda.

2007

Client: MPM Propaganda | CBF

Project: Graphic design and project for *The Brazilian Football Confederation's Bid to Host the 2014 FIFA World Cup*. Project developed in a partnership with designer Jorge Iervolino.

2006

Client: CAU | Chocolates

Project: Visual identity, packaging design, visual communication and promotional material.

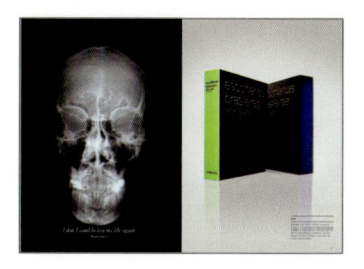

2007

Client: Alex Atala | Larousse Publishers

Project: Graphic project and art direction of the book *Escoffianas brasileiras*, by Alex Atala and Carolina Chagas, with photos by Cássio Vasconcelos.

2007

Client: Africa Propaganda | Mitsubishi Motors

Project: Graphic design and project for the book *Mitsubishi Motorsports 2007*. Project developed in a partnership with creative director Sergio Gordilho.

2006

Client: SAO | Restaurant

Project: Visual identity and communication. In the next page, unapproved studies for the visual identity for SAO restaurant.

2007

Client: TEO | Furniture, objects and complements

Project: Visual identity and communication.

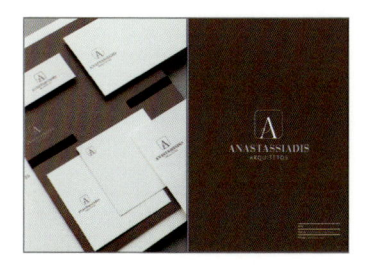

2007

Client: Anastassiadis | Architects

Project: Visual identity.

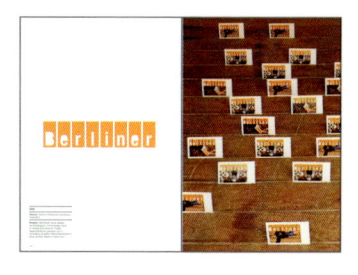

2006

Client: Berliner | Women's and men's multibrand

Project: Visual identity, packaging design, visual communication and promotional material. Project developed in a partnership with style consultant Helena Montanarini and photos by Beto Rignik.

2006

Client: A Magazine | Premium Magazine

Project: Logo design.

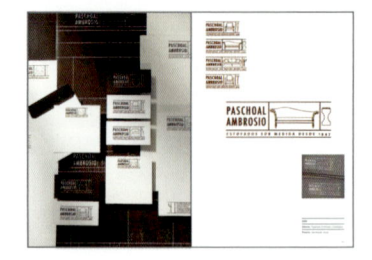

2006

Client: Paschoal Ambrósio | Upholstery

Project: Visual identity.

2005

Client: Grupo LVMH | Chandon Brasil

Project: Promotional packaging study for Baby Chandon.

2006

Client: Aquim | Gastronomy

Project: Visual identity for product packaging family and POS visual communication. The architectural project of the stores was developed by Rogério Ribas, Rodrigo Barbosa and style consultant Carlos Pazetto.

2006

Client: Francesca Romana | Women's accessories

Project: Catalogue design and visual identity. Photos by Gui Paganini, styling by Davi Ramos and Flávia Pommianosky.

2005

Client: D.O.M. | Brazilian gastronomy

Project: Redesign and normalization of the visual identity for chef Alex Atala's D.O.M. restaurant.

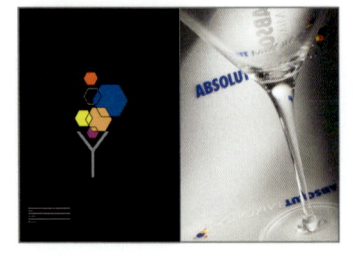

2006

Client: Interfood | Absolut Vodka

Project: Design for the Absolut Mixology platform promotional material. Photos by Cesar Cury.

2006

Client: Busy Bee | Chocolates

Project: Visual identity study.

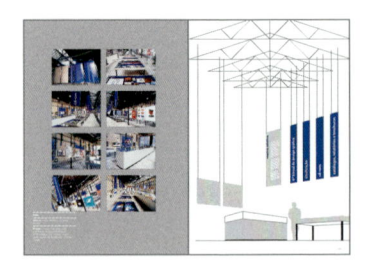

2004

Client: ADG | 6th Graphic Design Biennial

Project: Design of the 6th Graphic Design Biennial at SESC Pompeia Factory. Project developed at Brandgroup Strategic Design.

2006

Client: Casa 8 | Stationary

Project: Visual identity and packaging design.

2003

Client: COB | Brazilian Olympic Committee

Project: Visual identity proposal for the Rio 2007 Pan-American Games. Project selected among the 5 best in Brazil and developed at Brandgroup Strategic Design.

2003

Client: Jacaré do Brasil | Home furniture and complements

Project: Visual identity redesign, packaging and communication (the alligator symbol already existed and we gave it a new graphic treatment). Project developed at Brandgroup Strategic Design.

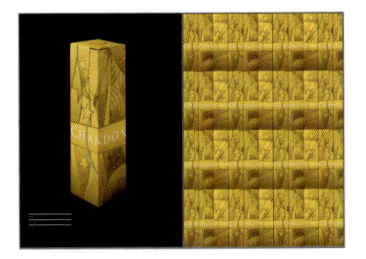

2004

Client: Grupo LVMH | Chandon Brasil

Project: Promotional packaging design for Christmas. Illustration by Caio Borges.

2002

Client: IAS | Ayrton Senna Institute, Journalists Network for Human Development

Project: Visual identity.

2003

Client: São Paulo Zoo

Project: Visual identity for the Zoo-Friends project. Project developed at Brandgroup Strategic Design.

2000

Client: Grupo LVMH | Chandon Brasil

Project: Packaging Study.

2003

Client: Yachtsman | Men's fashion

Project: Visual identity and art direction for the 2004 summer campaign. Photos by Gui Paganini, styling by Davi Ramos and Flávia Pommianosky.

2002

Client: Besni | Women's, men's and kids apparel store chain

Project: Visual identity and signage system. Project developed at Brandgroup Strategic Design in a partnership with designer Laura Corrêa.

2001

Client: Tropivita | Natural and organic products

Project: Visual identity redesign and design for packaging family. Project developed at Brandgroup Strategic Design.

2003

Client: Cecilia Rodrigues | Jewelry designer

Project: Perfume packaging design. With a simple knife we were able to leave the perfume "floating" in the packaging.

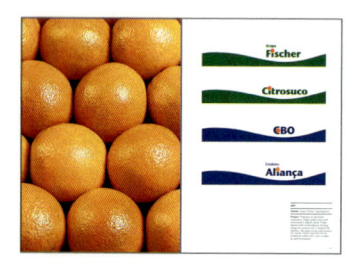

2001

Client: Grupo Fischer | Agribusiness

Project: Corporate Identity and graphic project for the corporate profile and social report. Project developed at Brandgroup Strategic Design in a partnership with designer Bill Martinez. Site developed by the company WC Social. 2001 Fernando Pini Graphic Excellence award for the corporate profile project.

2000

Client: Grupo Transamérica | Flats

Project: Corporate identity program. Project developed at Brandgroup Strategic Design.

2001

Client: Gioielli Pantalena | Jewelery

Project: Design and art direction for promotional material. Photos by Cesar Curi.

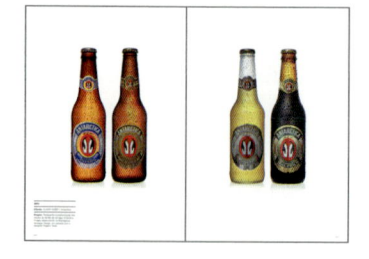

2003

Client: ALMAP/AMBEV | Antarctica

Project: Redesign of the Antarctica beer family labels. Project developed at Brandgroup Strategic Design in a partnership with designer Rogerio Testa.

1990

Who doesn't remember the economic plan that confiscated our money and, one year later, the painted faces on the streets demanding the president's impeachment? I recall very clearly that we were normalizing the entire visual identity for Bamerindus financial group, a client that represented 70% of our budget and overnight our monthly fee was canceled. It was very difficult, a very delicate situation.

This decade was marked by in-depth transformations in Brazil and in my job as a designer.

In 1990, I went on a trip in which I had the opportunity to meet two great designers: Massimo Vignelli, in New York, and Michael Vanderbyl, in San Francisco. Meetings that opened my mind. I recall the day I entered Massimo Vignelli Associados' office. An impeccable place, since Massimo, besides being a graphic designer, is an excellent industrial designer and participated in the creation and development of the signage system for the New York subway.

In 1996, I decided to leave my partnership at D Designers Associados to follow an international challenge, since I had received an invitation I couldn't turn down: to work at a design office in Mexico City for one year. An international experience that to date brings me a lot of satisfaction. There, I made friends, met other professionals and could dive into the striking culture and aesthetics of a country full of colors and aromas.

Some happenings are unforgettable and were indispensable for many changes throughout that decade, thus influencing my work: the foundation of Google; the Barcelona Olympics, with its gestural and colorful identity; designer David Carson, founder of Ray Gun magazine – an almost self-taught professional that rattled the typography concepts; designer Peter Saville; the sophistication and simplicity in the Japanese Shin Matsunaga's design; the pop visual of *Pulp Fiction* – by Quentin Tarantino; and, in Brazil, the beginning of the Real Plan (an economic program), which was created to reduce inflation, enabling the resumption of projects by many professionals in the area of design. Not to mention the still ongoing revolution of the internet.

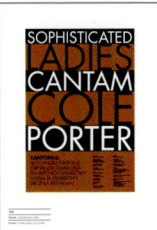

1999

Client: Sophisticated Ladies

Project: Graphic project for posters.

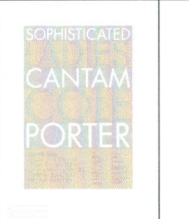

1999

Client: Via Cabo/Adelphia | Communications

Project: Naming, visual identity and design of the service iconography. Project developed at Brandgroup Strategic Design in a partnership with copywriter Beatriz Villarinho.

1998

Client: Terra Virgem | Publishers

Project: Graphic project for the book *Brasil aventura – no caminho dos heróis* (Brazil adventure – in the route of the heroes).

1999

Client: Marton & Marton | Special productions

Project: Visual identity.

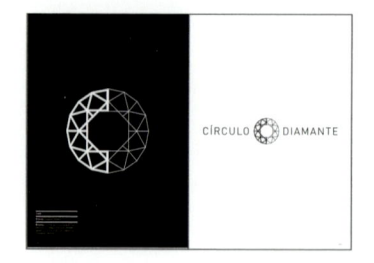

1999

Client: Asemex Banpais

Project: Visual identity for the financial group's Premium division. Project developed at Draft Diseñadores in Mexico City.

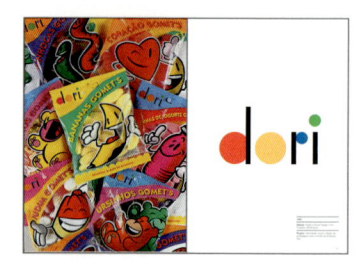

1998

Client: Made in Brasil Design | Dori Food Products

Project: Visual identity and packaging design for the Dori product family.

1999

Client: Mundial Calçados | Store chain

Project: Visual identity and communication for Mundial Calçados store POSs. Project awarded 1st place at the 5th ADG (Graphic Designer Association) Graphic Design Biennial.

1999

Client: Blondie Hair | Hair Stylist

Project: Visual identity. Project published in the *Graphis Logo Design 5 Yearbook*.

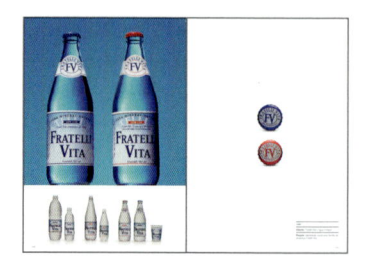

1997

Client: Fratelli Vita | Mineral water

Project: Visual identity for the Fratelli Vita product family.

1999

Client: Sra. Sopa | Food

Project: Visual identity. Illustration by Iran do Espírito Santo.

1998

Client: Frédéric Chopin | Home complements

Project: Visual identity redesign, packaging design, visual communication of the stores and standardization of ads. Illustration by Iran do Espírito Santo and photos by Leonardo Crescenti.

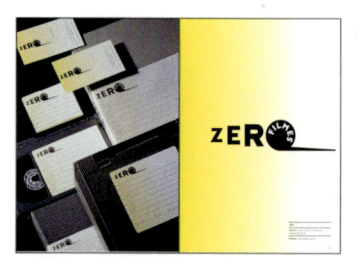

1997

Client: Zero Filmes | Cinematographic productions

Project: Visual identity.

1998

Client: Made in Brasil Design | Metrópole Mall

Project: Design for the civil woks boarding, promotional material and visual identity. Project developed in a partnership with copywriter Beatriz Villarinho

1991

Client: HZ | Construction and planning

Project: Visual identity. Project developed at D Designers Associados in 1991 and published in the *Graphis Logo 2 Yearbook*, USA.

1994

Client: The Cube | Bar and café

Project: Visual identity and communication. On the top, pictograms for men's and women's bathrooms.

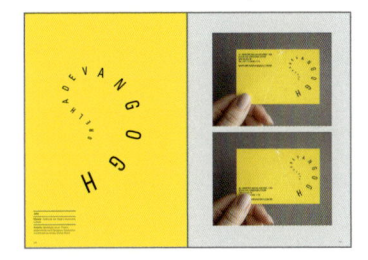

1990

Client: Orelha de Van Gogh | Cultural consultants

Project: Visual identity. Project developed at D Designers Associados and published in *Gráfica Brasil* magazine.

1995

Client: Marabá Filmes | Cinematographic productions

Project: Visual identity. Project published in the *19th São Paulo Creative Club Yearbook* and *Graphis Design 98 Yearbook*, USA.

1989

Client: Seagram do Brasil

Project: Packaging for Forestier Classic. Project developed at D Designers Associados in a partnership with Hugo Kovadloff and Milton Cipis.

1980

The 1980's were effervescent. The decade with direct Presidential elections (in Brazil) and the arrival of the fax machine which transformed the way we communicated. I finished my Architecture course and joined a design firm, where I had the opportunity to participate in projects for large companies. It was a time of experimentation, when I got to know other designers' work and started searching for my own language.

No doubt, it was a decade of great changes in visual language. If before we came from an experience of doing things manually, now we had to quickly learn to deal with the Macintosh computers launched by Apple, a new tool that definitively transformed the way we worked.

In 1984, in a trip through Europe, for the first time I visited Centre Georges Pompidou, in Paris, designed by architects Renzo Piano and Richard Rogers. I was fascinated with the visual communication project for that space with a contemporary proposal aligned with their architectural language.

That same year, I remember the colorful visual identity of the Los Angeles Olympic Games. A project that, even though interesting, with a visual communication punctuated by Californian post-modernism, proved to be ephemeral. The entrance of the rocket man at the end of the ceremony, a reference to the North-American technological power, is what stays strongest in my memory.

It truly was a decade packed with visual images that influenced an entire generation: the concert *Falso Brilhante (Fake Diamond)*, by Elis Regina; the *Star Wars* Trilogy, by George Lucas; the launch of the video clip *Thriller*, by Michael Jackson; MTV; Pedro Almodóvar's films; and the innovating work done by Neville Brody as the designer of *The Face* and *Arena* magazines.

It was also in this decade that together with two designer friends, Hugo Kovadloff and Milton Cipis, I decided to leave the agency I was working for, SAO, DPZ's design division, to be the creative partner in a new company, D Designers Associados.

1989

Client: Banco BMC S.A. | Financial Group

Project: Corporate identity program and the branches' internal and outdoor signage systems. Project developed at D Designers Associados.

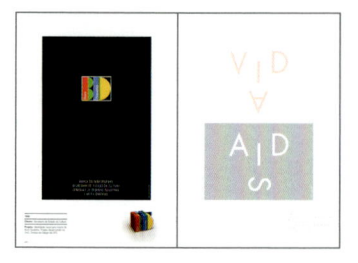

1988

Client: State Secretariat of Culture

Project: Visual identity for the Bom Desenho brand. Project developed at SAO, DPZ's design division.

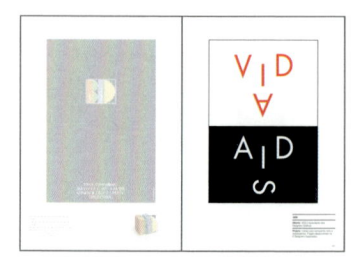

1990

Client: ADG | Graphic Designers Association

Project: Poster for the Aids and Adolescence campaign. Project developed at D Designers Associados.

1988

Client: Banco Bamerindus, Bastec and Rede Fácil

Project: Visual identity manuals. Project developed at D Designers Associados.

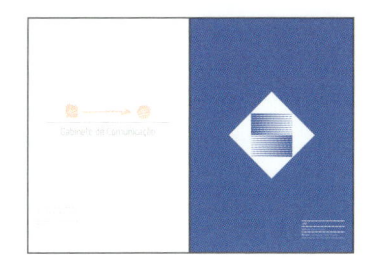

1990

Client: Banco Sibisa

Projeto: Visual identity. Project developed at D Designers Associados.

1989

Client: Órbitas | Aerospace Systems

Project: Visual identity. Project developed at SAO, DPZ's design division, with designer Milton Cipis.

1989

Client: Cervejaria São Paulo

Project: Study for Guss beer family.

1986

Client: State Secretariat of Culture

Project: Poster proposal for the 4th São Paulo Contemporary Art Expo. Developed at SAO, DPZ's design division, with designer Claudia Weber.

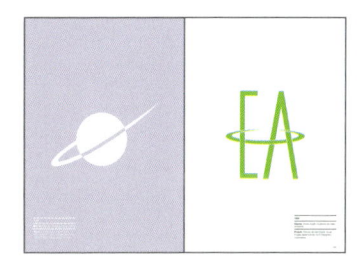

1989

Client: Enviro Audit | Environmental audit

Project: Visual identity study. Project developed at D Designers Associados.

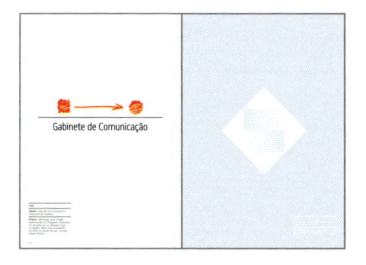

1990

Client: Gabinete de Comunicação | Press Agency

Project: Visual identity. Project developed at D Designers Associados in a partnership with designers Hugo Kovadloff and Milton Cipis and updated in 2009 at Claudio Novaes Conceito/Design/Direção.

1990

Client: D Designers Associados

Project: Portfolio design developed with designers Hugo Kovadloff and Milton Cipis.

1987

Client: SAO | DPZ's Design Division

Project: Graphic project for a portfolio and year-end gift. Project developed with designer Milton Cipis.

1985

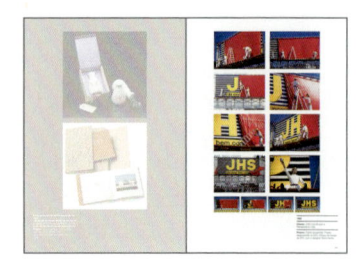

Client: JHS | Construction and Planning

Project: Sequential panel. Project developed at SAO, DPZ's design division, with designer Mario Narita.

1989

Client: JHS | Construction and planning

Project: Design for the boarding of the civil works at Paulista Ave., made with colored wood planks that fixed with hinges enabled the intervention of the public. Project developed at SAO, DPZ's design division, and published in *Design & Interiores* magazine.

Faith has never moved anything at all. It is doubt that moves.
P. Henningsen

este livro foi composto com tipografia
Helvética, criada em 1957 por Max
Miedinger e Eduard Hoffmann.

o papel é magno matte 115g/m²

a impressão e acabamento de 1000
exemplares ficaram a cargo da gráfica
IPSIS

colaboradores 2004 / 2012

Claudio Novaes / criação / 2004 / 2012

Ana Luiza Rijo / atendimento / 2012
Daniela Almeida / atendimento / 2004 / 2012
Jéssica Marzo / atendimento / 2011
Emilia Imamura / financeiro / 2005 / 2012
Tatiana Valiengo / criação / 2007 / 2012
Felipe Ferraz Sako / estágio criação / 2009 / 2011
Leonardo Capocchi Maino / estágio criação / 2011
Renata Guimarães / atendimento / 2010
Danilo Pavan / atendimento / 2008 / 2010
Maya Yendo Dias / estágio criação / 2009
Roberta Alves dos Santos / arte-final / 2006 / 2008
Cristina Julianelli / novos negócios / 2007 / 2008
Fernando Tecchio / atendimento / 2008
Ulli Brida Toni / estágio criação / 2007 / 2008
Juliana Neubauer Sousa / criação / 2007
Isabel Ferraz / criação / 2004 / 2007
Consuelo Souza / atendimento / 2007
Diego Tiburcio Dias / estágio criação / 2005 / 2006
Rafael Aflalo / estágio criação / 2005 / 2006
Sandrini Nass / atendimento / 2006
Rafael Machado / estágio atendimento / 2005 / 2006
Angelica Arakaki / estágio criação / 2005 / 2006
Mirella Manfrin / financeiro / 2004 / 2005

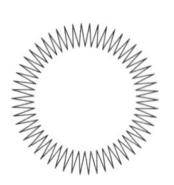